创作与评论需要良性互动

——刘晓彬书评选（2015—2017）

刘晓彬◎著

北方文艺出版社

图书在版编目（CIP）数据

创作与评论需要良性互动：刘晓彬书评选：2015—
2017 / 刘晓彬著. -- 哈尔滨：北方文艺出版社，2018.8
ISBN 978-7-5317-4174-9

Ⅰ．①创… Ⅱ．①刘… Ⅲ．①书评－中国－现代－选
集 Ⅳ．①G236

中国版本图书馆CIP数据核字(2018)第029182号

创作与评论需要良性互动 ： 刘晓彬书评选 ： 2015—2017

Chuangzuo yu Pinglun Xuyao Lingxinghudong Liuxiaobin Shuping xuan(2015—2017)
作 者 / 刘晓彬
责任编辑 / 宋玉成 曲丹丹　　　　　　　封面设计 / 丁 瑞

出版发行 / 北方文艺出版社　　　　　　网 址 / www.bfwy.com
邮 编 / 150080　　　　　　　　　　经 销 / 新华书店
地 址 / 黑龙江现代文化艺术产业园D栋526室

印 刷 / 廊坊市海涛印刷有限公司　　　开 本 / 880×1230 1/32
字 数 / 163千　　　　　　　　　　印 张 / 7.25
版 次 / 2018年8月第1版　　　　　　印 次 / 2018年8月第1次印刷

书 号 / ISBN 978-7-5317-4174-9　　定 价 / 49.80元

创作与评论需要良性互动（代序）

刘晓彬

文学评论是"揭示文学艺术的美和缺点的科学"（普希金语）。优秀的文学评论总是"使文艺和批评一同前进"（鲁迅语）。所以说，这就从文学评论的本质和功能方面限定了要写好文学评论确实是一件非常难的事情。"说它艰难，原因有二：一是，批评是复杂的工作，完成这项工作，要求批评家必须具备专门的知识和能力，尤其要具备发现问题的眼光和分析、解决问题的能力；二是批评是一种对话性甚至对抗性的精神交流活动，换句话说，真正的批评通常是在冲突情境和争辩氛围中展开的，这就要求批评家要有勇气承担由冲突和争辩带来的误解甚至伤害。"（雷达、李建军《评论经典前言》）

对于创作出的文学作品来说，"营造开展文学批评的良好氛围"可以推动文艺创作的不断前进。良好的文学批评氛围不仅能让更多人注意到作家的作品，还可以使作家第一时间知道读者阅读后的感受是什么，以便在今后的创作中不断加以修正。假如文学作品缺少批评，对作家以及对文学创作的繁荣都是没有好处的。激励作家在今后的文学创作中怎样正确思考，怎样深入生活，怎样扎根人民，怎样用更多的创作形式来丰富作品，都需要我们批评家的积极参与，需要我们批评家开门见山、一针见血地指出问题。文学创作和批评如果形成良性互动，可能还会牵引出许多值得思考的社会问题，从而推动社会文明的发展。

但是，如何让文学创作和评论形成良性互动呢？我认为，可以从以下几个方面着手：

第一，要营造良好的创作与评论的生态环境。

当下文学评论的氛围不如二十世纪八九十年代来得热烈和尖锐。而且在评论家的内心深处，当下的文学评论所带来的那种震撼感不如以前强烈，功利目的比较强。应该说，这是大家的共识。当然，主要原因是我们的作家在与评论家进行对话时，有些作家拒绝这样的对话，因此我们的评论家也就作罢。毕竟作家与评论家并不是依附的关系，而是互动的关系。在当前"倡导说真话、讲道理"的文学评论生态中，对文学作品提出尖锐意见的评论家并不太多，大部分评论家都是以"抬轿子""戴帽子"为主，另外还有一个极端就是以"打棍子"为主。因此，这类文学评论，不管是"捧杀"，还是"棒杀"，都在很大程度上失去了文学评论本身的意义。

当前的文学评论家在不断关注创作出来的文学作品时，似乎更加看重对当前文坛热点以及焦点问题的关注，并不断追踪与参与。比如近年来诗坛非常火爆的"余秀华诗歌"，就得益于媒体评论的积极推动与参与。应当看到，相比较起来，就当前对文学创作的关注度而言，文学评论显然被冷落多了。造成这种冷落的原因固然有多种多样，但最重要的一条就是，社会公众特别是作家自身对文学评论这一艰辛的劳动还缺乏足够的认识。所以，文学创作与评论的良性互动就显得非常重要。其实，文学创作与评论是相互作用的关系，文学创作勃兴了文学评论，而文学评论则推动了文学创作。作家与评论家应该是在文学艺术情感中互相交流，享受艺术美带来的快乐。

第二，要树立良好的创作与评论的精品意识。

文学创作的精品意识离不开文学评论。文学评论在文学创作上起到了非常重要的作用，也为文学创作的繁荣拥有了自己一席之地。从某种意义上说，文学评论对文学精品的创作起到了至关重要的作用，创造了自己的一个又一个辉煌，同时也将继续为今后的文学精品的创作留下宝贵的经验。抓文学精品的创作，也要抓文学评论的跟进，当然我们的文学创作不能"有数量缺质量、有'高原'缺'高峰'"。更主要的是要抓创作的质量，抓作品的评论。文学艺术的魅力足以爽人胸怀、振人眉宇。优秀的文学作品就是榜样，而榜样的力量是无穷的。它可以维护我们文学创作与评论的声誉，驱动文学作品真正在群众中流传开来；它可以产生强大的促进力，引导、带动一大批文学作品上档次。

相反，如果精品太少，文学作品的推广就难以形成气候。同时也说明我们的文学评论没跟上，没有及时发现和推动精品的创作。而这时，我们对文学评论自身反思的需要，以及文学评论的思维方式等问题就要提上议事日程，就要突破并呼唤新的思维方式，把反思提高到一个新的高度。只有这样，才会对文学创作与评论的质量带来更大的提升空间，效果也就一定可以预见。当然，文学评论不能只是文学创作的随从，文学评论也不仅仅是简单地解读作品，"吹捧"或"棒杀"创作者，沟通阅读者或鉴赏者，而是把文学评论的主体性突显出来，以期望达到我们把握这个社会、把握这个世界的目的。

第三，要突出良好的创作与评论的地域特色。

我们的文学创作，应该从整个国家和民族的时代生活、时代精神出发。但具体到创作与评论的实践中，却需要立足本地的生活实际，发展并突出地域特色，进而才有可能走向全国乃至世界。唯有这样，我们的文学创作与评论才能真正落到实处，也才能真正抓住特色，使一个地方的文学创作与评论以各自独特的色彩汇入全国文学创作的总谱之中。这就要求对本地区的生活主流，格外注意撷英萃华，努力将其转化为文学创作的题材。

此类题材的文学作品，创作的对象一般都是以地区为中心，呈现地域文化精神，这是作品的主要特色。而我们作家自身的地域文化素质和知识积累及其审美观照，则是创作成功最关键的内部因素。另外，要在地域文化的记忆深处，在我们作家的灵魂高处，产生一个巨大的地域文化精神气场和一个作家的想象力空间，以及一个融入了作家对这个地区自然、人文、历史和风土人情与生命存在的至深体验的地方。

同时，还要立足于本地区的优秀基本传统的实际，它是本地区长期形成的艺术思维、艺术创作的传统优势，我们要继承，更要丰富、发展它。另外，还不能忽略本地文艺创作与批评人才的实际，它体现了本地区的创作与批评骨干力量在年龄、地域、创作门类、创作方法、风格特色各方面的综合优势，注意做到在本地选择最有实力的年龄层、最有实力的创作门类、艺术表现方法，就最有可能在我们的文学创作上首先突破，抓出精品。

第四，要抓住并突破创作与评论的薄弱环节。

我们的文学创作与评论，应该说在各个作者年龄层、各种创作题材领域是不平衡的。在充分发挥文学评论作用的同时，需要努力抓住薄弱环节，力争有所突破。在文学创作与评论中，既要倚重中年以上年龄层作家和评论家的队伍，也要相应地扶持和抓好青年作家和评论家的创作与批评，从而为我们的文学创作与评论的持久打下广泛而坚实的基础。

青年作家和评论家是在改革开放后成长起来的，他们精力充沛、目光敏锐，和时代生活、社会情绪有着天然的联系。他们也存在着不足和缺陷，需要增强社会责任感和艺术功力。对此，应该要特别关怀和培养他们。在创作与评论上由老一辈艺术家给予他们有益的引导和扶植，使他们能够成为 21 世纪文学创作与评论的生力军。培养年轻一代创作力量，整个过程的起始就要着意引入主流意识。青年创作与评论力量生活在新的时代环境中，文学精品更多在他们笔下诞生的可能性比较大。

对于这个课题，我们要有长远眼光，从现在起就要用心去抓。选准优秀苗子，提供便利条件，创造良好环境，重点扶持培养，使我们的文学创作与评论的队伍代代有人才。当然，由于市场经济的迅猛发展，对整个文学市场的强烈冲击不可避免地影响到文学创作与评论，也可能会导致文学创作与评论价值观的进一步变革，以及文学创作与评论层次的分化。随着文学评论主体的强化和评论产生的巨大影响，文学评论也逐渐被创作"红包化"起来，自己给自己套上了一个"不说真话"的怪圈，这个我们要保持清醒的认识，时刻警惕。

第五，要不断解决创作与评论中的思想问题。

随着时代的进步，对文学创作与评论思想上的一些观念也需要随之更新或嬗变。过去陈旧的不抛弃，未来崭新的便不可能产生，文艺创作与评论就只有窒息。因此，当前在文学创作与评论的思想上，我们要结合艺术的规律，努力解决一些深层次的问题。譬如，作家熟悉的生活，和时代需要作家反映的生活，有时不能衔接。对于此，如何转移并增加他们新的生活积累，并将原有积累和新的积累二者融会贯通，自然而然地，也就成为我们文学评论家需要帮这些创作者认真解决的课题。

另外，还有一种观点，文学作品是通过形象和感悟来反映时代生活的，创作需要较长时间的艺术沉淀、转化过程，这种特殊性给文学创作带来一定困难，起码不能立见功效。其实，优秀的文学作品确实需要创作时间和过程，可这不能成为我们不去创作的理由。当然，这是一个理论课题，也是一个实践问题，迫切需要我们评论家及时跟进。

第六，要切实提高作家与评论家的个人素养。

在文学创作与评论进行互动之时，作为评论家，对创作文本的艺术感觉以及发现问题的眼光和解决问题的能力是非常重要的。假如对现实社会生活没有深刻的体悟，对文学创作文本没有丰富的艺术感觉，仅凭死记硬背得来的理论知识，不可能成为一个合格的文学评论家，更不可能得到作家的认可。批评家程文超说："心房不能与高山共鸣，心弦不能与流水同颤，便不能成为作家的知音。"那些纯粹靠理论知识生搬硬套推理出来的文学批评，犹如城市上空的雾霾让人窒息，因此也就不会拥有读者。

我们知道，当作家与评论家进行真诚对话时，评论家对创作文本的批评方式，与一般的阅读者或鉴赏者显然是不同的。评论家是用一种专家式的特殊眼光来对这些创作文本进行评判和鉴赏的。所以，评论家需要通过对创作文本的细细品读和揣摩，不断地进行评判和鉴赏，反复思考作家为什么要这样创作？这样的创作文本优缺点在哪里？

在评判和鉴赏这些创作文本的时候，评论家不仅要用理论知识去梳理作家的创作思路，更要用自己丰富的经验去调动自己的艺术感觉和联想，从而综合出自己的批评观点。因此，这就要求我们的评论家既要具备非常深厚的理论素养，还要具备十分丰富的生活积累和知识储备，更要善于结合当下这个时代的氛围和特点，不断融入文学评论的意识要求当中去。

当然，这一切又都需要体现我们的评论家怀着一种对阅读者与鉴赏者、对人生与人性、对生存的抗争与生命的终极关怀，对作家与社会的使命感和责任感，蕴藉着我们评论家对文学理论的探索突破和对艺术真谛的追求。另外，在文学作品的风格、结构、思维等方面，评论家的评判和鉴赏要非常认真地进行捕捉、破译、解构、分析、研究，给人以一种独辟蹊径、功夫上乘、孜孜求新的感受。

所以说，文学作品的创作与评论需要良性互动，只有这样才会产生优秀的文学作品，广大读者才会在优秀的文学作品中找寻到理趣和情趣上的审美满足，这样也就无愧于我们这个时代！无愧于我们的人民！

目　录

辑一　诗歌作品评论卷

辑二 散文作品评论卷

辑三　小说作品评论卷

辑四　报告文学评论卷

辑五　学术专著评论卷

辑一　诗歌作品评论卷

以独特的方式感悟世界

——评牧斯诗集《泊可诗》

江西诗人牧斯诗集《泊可诗》近日由长江文艺出版社正式出版。该诗集共分四卷，收录了诗人近 14 年来满意诗作 90 首。这是继牧斯诗集《作品中的人》之后推出的第二部诗集。

诗人牧斯，江西诗坛"70 后"最具实力的代表诗人之一。我们在解读牧斯的诗歌作品时，可以感受到，他是在用自己对现实的锐利感受来思考这个世界的，这样的努力使得他的部分作品有了存在主义哲学的镜像。在他的诗歌作品中，关注和理解的都是"从最小的事物出发，通过无法知晓的孕育，又从最强悍的事物中分裂出来"。

（一）

品读诗人牧斯的《泊可诗》这部诗集，我的第一印象是，最平常的事物，有时在诗歌作品中是最独特、最深刻的。因为这些事物常在不经意间出现在诗歌中，使作品突然变得深刻而有思想。而且牧斯的这种与生俱来的不可释怀的诗歌感觉，在方块字的肆意组合中总能游刃有余且如鱼得水，诗性的浸润洇染开来，使得他的作品具有了生活的宽广和历史的纵深感。比如他的《河姆道人》一诗："总觉得有个人往这边走，/我抱着成捆的大白菜，像基督。/我的风帽有一个小小破绽：/细心的研者发现，是 1876 年的饰品。//河川也可以是帽子，/朋友做了石头；/我们心中的愤怒、抑郁乃至欢乐，用数字代替。"

应该说，牧斯在《泊可诗》中的诗性言说，有着自己对这个世界的独特思考，在思考与抒情的基调中，书写着自己眼中的事物。他那忧郁的情怀、诗性的感叹、哲思的凝注和低调的处世，都被他淹没在这些诗歌作品中。比如他的《树能作为诗人的个人生活》一诗："他们说每个人都面对一场劫杀，/我隐隐听见一个人对我的诅咒。/未曾获得荣誉是怎么回事？/可曾将大任放在心上？/一丛荆棘，一个招展女人的华彩。//黑土堆、豁口，一条茫然的小溪，/都可能是一个铭记。/我把我所看见的记下来，/没看见的它们也在。/山中阵阵松涛送来莲叶朵朵，/一棵树下有一个青年时期的朋友。"

牧斯平时很低调，在写诗的这二十多年里，从不张扬，诗歌作品也没有浮躁之气。这些年里，他总是默默地写，静静地爱，积聚的都是日月精华，于是使得他的诗歌作品沉稳内敛且具有底蕴。他出生在农村，大学毕业后留在了城市，现实生活的纷繁复杂并没有让他变得躁动不安，他把自己平时的所思所想都倾注于诗行中。牧斯还擅长把生活中习以为常的事物写出新鲜的感觉，这部诗集就充分体现出他独特的感悟能力和审美能力。他的生活经历以及平时大量阅读经典书籍，使得他的诗歌作品具有开阔的精神视野和深刻的人生感悟。他善于抓住事物的灵魂，用自己独特的诗歌语言构建出一首首优秀诗作。所以，在当我们读过了一些关于乡土诗的陈词滥调之后，再来品味牧斯描写乡村的一些诗歌作品，就会觉得他体验和感悟世界的独特别有一番风味。比如他的《斫楠木》一诗："风华绰约山林中波涛阵阵，/尽是我，和我父亲的影子。/有些是经父亲拔濯才长大的, /有些树心安理得, 看见我来, /不认为是把它们斫下, 而是/将它们的老朋友, 邀在一起。"

（二）

在牧斯的《泊可诗》中, 大多数作品里的意象, 是经过他的思想和想象的重新把握与处理的, 而且运用得也都非常准确。也许有的作者认为, 诗歌作品最基本的东西就是服务它所表达的主题思想, 而诗歌作品中意象以及对意象的运用也只是形式和技巧上的。

但是, 在诗歌的创作中, 内容和形式其实是不可分割的, 甚至有的时候, 诗歌作品的形式比内容还重要。意象、明喻、隐喻, 以及象征的运用都是诗人对现实世界的思考, 牧斯的作品也有纷繁的意象与思考。比如他的《夜钓》一诗: "每一样细小的事物, /都有一个内部。/你航行到这看似开阔的水面, 四下无人, /有一条桂鱼在里面活动。正是/明白了这一点, 所以, /你放下鱼杆; 所以, 你慢慢分析, /山坳里的黑洞。/或者看得见的无用的萤火, 这样一种冷光。/如果有一种冷火就好; 这样, /可以放在手心, 或者胸前。"……"这么多石窟, 和水草, /这么多历史, 这么多上面人的遗留物。/是否有无法控制的意志, 才上来觅食? /或者以前的快乐, 是否真的难以逃脱/意外这个装置? "

我们也知道, 诗歌作品在表现中创新了语言, 于是语言便带动了思维的创造, 而思维的创造就能使社会不断进步。这也是诗歌与诗人的关系。优秀的诗篇总是说出人们想说而又一时没说出来的话, 表达人们最想表达的情感。牧斯的这部作品在语言的词句中营造诗性的世界, 这是诗人情感的冲动, 也是诗人心灵喷发向往的火花。比如他的《纪念一位刚刚死去的诗人》一诗："城市中，有一位诗人死去，/第一次有诗人死去。/你会看见它自己铺上一层薄雪。/早班的电车，疾驰而安静，/你会感觉到这是按诗人的句子而出行的人们，/他们严肃而惶恐。人们的状况，就是诗人句素。/诗人的文稿真实地描述了这样一种自然。/这种与生俱来的路口的景象。"……"在你身上，在其他人的生活梦想中相溶。/然而，正如你在诗中所言，一切的语言，/都是残忍的写作。你在他人的腹语中，自己的思索中，/你的尚未表述出来的更为充分的世界，/你羞愧于自己。这种新的自然，/自自然之外的自然，是新的传统。"

可以说，牧斯作品中的语言，语言风格是个性化的，思想内核也是个性化的。他的作品有自己独特的意象群。比如他的《午夜醒来》一诗："醒来于，清澈的夜晚。/带给你，昨日感受的夜晚。/你的记忆又开始活跃。/捕捉，之前对事物感受的信息。……/后来，才发现，自己身上的酒气，/卧室中梦酣的妻儿（如此宁静），/以及因其他因素而聚集的光，/这是梦境，你必须有一个更强大的魔法。"

在上面这三首诗歌作品中，"铺上一层薄雪""早班的电车""诗人的句子""文稿""孺子路""榕门路""滕王阁""灰衣者""落泊者""着墨绿装的女人""珠绣""三眼井""历史风格的帽檐""矿藏""桂鱼""鱼杆""山坳里的黑洞""萤火""冷光""冷火""跳水的蚱蜢""虚无的蝙蝠""雷达波""鱼的梦床""石窟""水草""洪都新村""沉重的沙发""肉体""身上的酒气""卧室中梦酣的妻儿""聚集的光""梦境""神圣的人""洁静的人"等意象的运用，将"一些事物的外延，事物的比喻以及事物与现实的对照"真实的存在内涵形象地表达了出来，很好地凸现了诗歌作品的"个体生活的存在感"这个思想。

（三）

众所周知，古往今来的诗歌作品的特点都是高度概括社会生活的，是人类情感的总和。这里说到的"高度概括"，是因为我们这个群体的特定生活本来就是社会浪潮的高度概括，是人生情感的集中浓缩，它有着像诗人牧斯的这些作品中那样富有想象力与感染力。正如林语堂先生所说："一个人的文体常被他的'文学爱人'所藻饰，他在思想上和表现方式上，会渐渐地近似这位爱人。"

牧斯诗歌作品中的内涵，只有用心去体会才能发现其中的诗意。这些都是由于牧斯的性格决定了的一种表达的方式，所以"他天生就应该是个诗人"。

在《泊可诗》这部诗集中，诗人试图通过美的发现和想象来弥合心灵的需要。比如他的《夜（之一）》一诗："什么东西，/都从洪都新村拓展而去。/拓展了就不指望收回。/所有的东西，又会回到这个原点。……/被围于小城，为命运奔波。/不只是为婚姻和明天，/不只是为美好和幸福，/还为丑和存在，它模糊不清。"

在这里需要特别说一下的是，我们在品读牧斯的诗歌作品时，不能用平时那种缜密的逻辑思维去解读。假如你在品读他的诗歌作品时的思维一旦逻辑化了，那他的整个诗歌体系就处于崩溃状态，就是我们常说的那种晦涩难懂或者是不知所云。比如他的《清明诗（之一）》一诗："你能知道，我们向下挖掘，/他们挖掘我家的祖坟，/我还以为我们挖掘诗，/我还以为他们挖掘武林秘籍……在我们那一些催生催死催好运的仪式中。/我辈看得悲切，我母亲看得晕倒，/我父亲艰难地竖起墓碑，七十多岁的他们/仿佛重新安葬一次。春风煦姬，/万物凛冽。我不想诅咒那些人不好，/我也不想认为我们家从此运气不佳，/如果，他们还算是我写作的仙气。"

因此，我们在仔细品读牧斯的诗歌作品时应该避开逻辑化的思维，只有这样，我们才会发现，透过作品主题的表面，会时时刻刻都感受到一种由于对客观主体上的思辨性而带来的精神享受，以及一种内部深层次精神的心灵决绝和心灵反观。比如他的《诗（之一）》一诗："一周没有写诗。/如果，一周里，真有诗。/她若皮肤光滑的使者，/若翼动的天使。/她每天降。临。逛。在楼群中。/在人的思量里，/在生活的细小情节里。/她应该不是给予，/也不是点燃。/应该不是人与事的媒介，/不是人理解和穿透事物/的临点。不是异禀者脑子里的/那点天堂。不是殉道者身体的/那点人格。不是哲学家头颅里/对应万物、人性里的那点纷繁描绘。"

这些诗歌作品都是充满精神探寻的心灵独白，也是诗人需要表达的一种对于人生困苦的精神叙述，读来令人感叹不已。

同时，隐含在这些诗歌作品中的"精神内核"有着深层次的心灵拷问，它不断地震撼我们的世界。这些心灵深处的精神意义一方面体现在诗歌句子的扩张，另一方面对诗行中那具有精神旨归的所指，还需我们用理解的思维来解读其中奥义。

（四）

在《泊可诗》这部诗集卷四的最后，诗人牧斯用一首《熄灯》作为结束："夜深了，还是没睡着，/在研究自己诗歌的缺陷。"

　　从这首只有两行的诗歌作品中，我们可以感受到他对诗歌创作的态度，一部诗歌作品结集出版了，它就已经成为过去式。于是，这样的创作在它自身的进程中就遇到了一种研究它自身，甚至是反对它自身的东西。有时这对于一个诗人来说，倒是不在于结束过去那种存在缺陷的诗歌创作，而在于如何开始自己更加满意的诗歌创作。

　　我们在诗歌作品的创作中，一方面似乎永远受习惯和记忆支配；另一方面又在渴望着自身的创作自由。这种创作状态，我们似乎又不得不把这永远也创作不完的诗歌继续创作下去，为了有一个新的开始，于是把以前的结集在一起之后再结束。从这个意义上说，牧斯为了提升自己的创作，也为了他自己有一个质的飞跃，而"在研究自己诗歌的缺陷"。因为，只有通过对自己的不断思索，才能为打开一个更为广阔的精神世界提供可能，才能为诗歌创作的转化与创新提供新动力。

（原载《创作评谭》2015 年，第 1 期）

诗意的美丽和情感的美好

——简评《五倍子情感诗歌》丛书

　　一直以来，我们呼唤出版一套属于南昌诗人的情感诗歌丛书。当这个想法付诸行动的时候，立即就有很多诗人予以响应。于是，邓涛、杨北城、郭豫章、文向滨、洪老墨等诗人共同策划了这套《五倍子情感诗歌》丛书。这五部诗集在创作风格上比较接近，追求的都是诗意的美丽和情感的美好，都是直抒胸臆的诗歌作品。

　　应该说，情感是最适合诗歌的生存与发展的。每个时代，情感诗歌都会留下不少的名篇。不管时代如何发展，诗歌如何走向，都不能动摇情感在诗歌创作中的重要地位。

　　纯真的情感，是人类最美好的，是灵魂的一种财富，是真、善、美的结晶。情感不会衰老，她可以随着时代的前进而前进，随着社会面貌的更新而不断更新，随着老百姓的生活不断改善而更加丰富多彩。因此，情感诗歌，无论在哪个时代的读者群中，都一直占据着十分重要的位置。

　　阅读情感诗歌，还能给读者以一种特殊的艺术美的享受，这也是情感诗歌的一大社会功能。泰戈尔说："爱情需要装饰打扮，蕴藏在其中的快乐要通过美表达出来。"情感诗歌的美突出地表现在人类心灵深处的美之上。情感诗歌，尤其是这部诗集中直抒胸臆的作品，表达的都是男女主人公之间最炽热和最本真的情感。正如王国维的观点："真景物、真感情者，谓之有境界。"陈良运说："美好的情意与美好的物镜相互融合，物我一体，于是诗歌作品就有了优美的意境，这是一个小小的美的王国，谁进入其境都会乐而忘返。"

下面，我们分别来探讨一下这套情感诗歌丛书中的几位诗人诗作。

（一）

邓涛，"70后"诗人。

他不仅擅长写地域散文，而且擅长诗歌作品的创作，都小有成就。他的诗歌，非常注重作品意境的美感。从这部诗集的作品中不难看出他在诗歌意境美上所花的功力，而且他也是在这方面把握得比较好的一位诗人。他的这些诗歌作品，用诗评家丁慨然的标准来看，"注意到了掌握这个度，而且使自己的诗歌既具有诗美，又能使读者能够欣赏"。同时，他在创作中注意了诗歌情趣的生动。写诗力求生动是不可以缺少的，生动的诗歌，才是有情趣的诗歌，才是我们的纯文学作品。不生动的诗歌，则枯燥而乏味，也是非纯文学作品。邓涛的这些诗歌，大都注意了形象与细节的处理。

对于诗歌创作技巧的安排，邓涛也处理得比较到位。因为我们都知道，在诗歌创作之时应该立意要高，着眼要宽，落笔要小，构思要巧，这是我们在创作诗歌作品之时必须遵循的几个重要技巧方面。邓涛的诗歌，可以说是从各个侧面，各个角度，各个层次，来构思的。而且他对作品选题的把握也比较准。我个人认为，选题，这主要取决于作者思想水平的高低以及其生活阅历的深浅。而选题的重要，又取决于诗歌作品的内容和主题的中心环节。选题关键是要擅于开拓生活底蕴，把握好时代之精神。选题还应注意生活中那种潜在意识和智慧的苏醒，这是对生活直觉与创作形式的把握。邓涛创作的这些诗歌不论是写亲情，写爱情，都是从现实生活中选择的诗题而加以生发，从中发掘出深刻的诗意。一般来说，情感诗歌的自我处理是比较难的，但邓涛在这部诗集里的自我与超越自我之间的关系就处理得非常得当。

另外，需要说的是，邓涛的这部诗集中很多作品和他的散文一样，具有显著的地域性，地理意识比较强，这是他的诗作的主要特色。而他自身的地域文化素质和知识积累以及他的审美观照，则是他的创作最关键的内部因素。这部分诗作，均体现了比较强的地域文化审美观照，读者可以从作品的地域文化中探寻诗人的文化精神。从这几首诗歌作品的色彩上来看，目前已经超越了诗人所构筑的精神家园，同时在地域文化的记忆深处，在诗人的灵魂高处，也已经产生了一个巨大的地域性精神气场和一个诗人的想象力空间，以及一个融入了诗人对当地自然、人文、历史和风土人情与生命存在的至深体验的地方。

（二）

杨北城，"60后"诗人。

他的诗歌，给人感觉在对作品的意象的采撷和提炼上比较重视。他在诗歌作品中的诗情表达上借助了一些典型的意象，比如"秋日的峰顶""飞鸟圆满的旧巢""果园""深陷的车辙""发酵的草垛""巨石""滴雨的屋檐""归途的老马""暮色""蝉鸣正收回它光滑的腹部""山谷""稻草人""风""透风的墙""大雪""灰色的日子""空心人""拾荒人""悲悯的声音""田野""疯狂的病句""满城的银杏""乌镇的灯光""雪""白发人""梅花""树枝""森林里演奏的小火车""四分之一拍的摇篮曲""时光宝盒""黄昏小站""梦境""向日葵的微笑""野草香气""异乡安睡的人""冬天""开满红花草的田间""油菜花""金色的蜜蜂""庞大而细小的心脏""泥泞""灰烬""绿发""微笑"等。

应该说,杨北城这些诗歌作品中的典型意象的得来,是他依靠自己平时对生活的观察与积累。从《秋日的峰顶》到《冬天的记忆》和《冬日诗》,再从《爱上异乡》到《红花草》,秋日冬天,北上南下,空间转换,时光更迭,在不同的季节与不同的空间里,诗人所处的生存环境也各不相同,所以对于生活的感受和理解就与别人迥然有异。而诗人却善于在不同的季节与不同的空间里提取独特的意象,把自己对于这个世界和自我的独特认识与理解用语言来进行诗化。因此,从这个角度来说,诗人在对诗歌作品的意象的采撷和提炼上精心布置,使得他的诗歌作品具有比较突出的审美价值。

杨北城的这些诗歌作品,是对平时生活中身边的花草树木、蝉虫鸟蝶等日常发现和体悟出来的诗意,字里行间充满着对自然界的这些生灵以及日常生活细节的关注与热爱,并借助它们抒发自己的情感,寄托自己的思绪。

比如他写爬山虎:"如果人世间还有高处/你即使冒险一寸寸抓紧/也无力攀爬上去/但我仍要跟随你,走到尽头/只有死亡,能让我放手/一个落寞的世界需要欢畅/哪怕是一棵尖叫的藤蔓/在黑暗中猛地转过身来";他写蝉:"一只蝉在夏天的尽头金黄发亮/他要独自走向它像跟随一个从不存在的父亲/只为了兑现一份时间的契约/他要为终将消逝的一切献上挽歌/直到一只蝉在秋天空出了自己/由我代替它活着并鸣叫"；他写蝴蝶："如果此刻，我俯下身子/一场飓风将止于蝴蝶/一千只膜拜的蝴蝶/转瞬，将成就一片低飞的枯叶//蝴蝶啊，你要赶在一场大雨之前/把我制成标本/看啊，他们交换了灵魂"等。这样的诗风朴实无华，但又蕴含着深刻的内涵，体现了诗人对生活的一种态度。

所以，这些诗歌作品是诗人面对生活、对待生活、看待生活、善待生活的一种最基本的展现，而这种展现渗透在诗人的内心世界中。因为一直工作和生活在闹市中的杨北城，这些花草树木、蝉虫鸟蝶等也就成了他安静心态的另一个诗意的世界，也是他在精神层面寻找过去生活在乡村的美好记忆。

（三）

郭豫章，"60后"诗人。

他的诗歌是来自灵魂深处的情感吟唱，诗人以饱含深情的笔墨，倾诉了自己对乡情与生活、亲情与生活、爱情与生活的感悟和理解，构建出了充满诗意的情感世界。

也许是因诗人青少年时期生活在客家聚居的赣南乡村的缘故，这些客家特有的近乎少数民族风俗以及乡村田园生活的积淀，以及中国传统文化的熏陶，在他的诗歌作品中总是透溢出优美的特殊意境。尽管他后来离开乡村，进入城市工作，思想和生活都发生了一系列的变化，但是在他的心灵深处却依然珍藏着那方故土。他对家族往事的追忆，对亲人的思念，以及炊烟袅袅、鸡犬相闻的朴野而宁静的乡村田园气氛，总是那么的眷恋。可以说，他的那些回忆自己故事的诗歌作品，不只是在于他对那段岁月的深切感受，而且也缘自那"客家特有的近乎少数民族风俗"之类给予他的熏染，在诗人的乡土文化的意识里，注入了崭新的生活与情感，酿成了其诗歌作品中赣南乡村生活的特殊韵味。

郭豫章这部诗集中的作品，对乡愁和乡思、亲情和爱情的铺陈，使得这部诗集的诗意显得质朴、厚实且意境优美。而且这部诗集中的作品也彰显出诗人情感的淳朴和美丽，尽管这种淳朴的情感有些时候带有淡淡的忧伤。

因此，这些诗歌作品所表现出的爱，不管是对故乡的爱，还是对亲人的爱，或是对心仪之人的爱，等等，都已经渗进了诗人的血管和灵魂，无法去除。而且这种爱所蕴含的理想主义，已成为诗人在创作诗歌作品时不竭的原动力，并积淀成了诗人的精神基因，一直流淌在诗人的血管里以及他的诗行里。

看得出，郭豫章收录在这部诗集中的诗歌作品，从各个层面讲述了自己的故事，抒写了自己对乡村自然与人生的感悟。诗作的语言精致，重视修辞等技巧，讲究意境。这种典雅的优美，隐含在诗歌作品字里行间，清新而流畅。

他的这部诗集给我们最大的感受是，比较注重诗意的语言。他的这些诗作的语言是美的、生动的，而且表达准确。通过这些诗意的语言，我们会有一种被诗意的美所包围的感觉。

应该说，在他的这些诗歌作品中，所有诗意的语言都没有具体而完整的一个图景，只是从中提取了一些内心的感觉和经过丰富想象力诗意化了的意象，而且这些诗意的语言对诗歌作品中的这些意象的外部形态，也都是轻轻触及之后马上就将其转化为诗人灵魂深处和内在情感上的反映，转化为诗人主观的想象和心灵的独白。

另外，诗人郭豫章的这部诗集，在语言上的追求是外向而精确的，诗歌作品直接显示的是诗人内心的感觉和灵性，而且诗歌作品中的情感和灵性是诗意语言中的主要组成部分，也是从诗意的语言中流溢出来的。

（四）

文向滨，"70后"诗人。

他收录到这部诗集中的大多数诗歌作品是对心灵与感情的深切关注。

这些诗作大都带有一种思念上的伤痛，有时又是一种情感上的忧伤。诗人在作品中把自己的个人感受进行诗意的投放，去体验和诠释自己对情感的信心和追求。同时，诗人在创作诗歌时，从平时的思念中沉潜下去，在作品的内部构建起精神的支点，然后从这个点上逐渐伸展开来。因此，这类诗歌作品虽然简单浅显，但有时也会具有很强的放射性。

对这些诗歌作品，只要仔细品读就可以使我们感受到感情的力量对强大的永恒的冲击，给我们以一种不可抵抗的诗意的忧伤美感。当然，这种情感诗歌不是颓废或者萎靡的情绪发泄，它应该是健康的，优美的。在这里，诗人彰显了心灵深处美丽情感的力量，并肯定了寻找感情生活的动力和理由。另外，这些诗歌作品具有内敛的性质，这种内敛也增加了作品的深度。

从整体上看，文向滨的诗歌作品都写得很细腻，很柔情。读他的诗歌作品就好像在欣赏漂亮的女子，很美。当然，这种美是诗歌作品中的意境美。同时，他这部诗集中的有些情感诗歌富有哲理性，而且同样写得很细腻，正因为如此，我才认为这类诗歌作品是写得成功的。因为哲理诗很难写的，一不小心就会写成空洞说教没有情感没有意境的纯粹的分行文字。鲁迅在他的《诗歌之敌》中有一段话，我非常赞成，他说："诗歌不能凭仗了哲学和智力来认识，所以感情已经冰结的思想家，即对于诗人往往有谬误的判断和隔膜的揶揄……从我们的外行人看起来，诗歌本以发抒自己的热情的，发讫即罢。"鲁迅是把"感情已经冰结"，只凭哲学和智力来认识的现象，当"诗歌之敌"来看待的。从这里我们可以认识到，诗歌作品源自诗人的情感，诗人的情感抒发尽了，便不能再去强迫着自己去写，为文造情会适得其反。

应该说，文向滨在这类情感诗歌作品中避免了空洞的说教和理念。我们不是说诗歌排斥思想和哲理，而是说诗歌创作的动力和对象都是来自诗人的情感，同时诗歌作品创作出来之后也要在读者心灵中产生情感的共鸣。所以，文向滨在创作诗歌作品的时候就注意到了尽量防止逻辑思辨和说教。

（五）

这套《五倍子情感诗歌》丛书，不仅可以使读者从不同角度认识和了解社会与人生，而且其中有的诗集还从另外一个方面反映了某些不良社会风气对情感的腐蚀和摧残。

也许，这五位诗人以今天的身份出版这套诗歌丛书会引起一些争议。但是，我相信，随着时代的不断前进，社会的不断发展，生活的不断更新，男女地位的不断变化，情感诗歌的创作与出版同样需要不断发展和变化，开拓出崭新的诗情和优美的意境。

（原载《诗江西》2015年8月，第2期）

以率真情感赋予作品诗意

——简评柯辉诗集《花开的声音》

　　情感，是在对现实世界中某些具体的事物的感受中产生的，因此它是具体的，是与这些具体的事物密切相关的。我们的诗人在进行诗歌作品的创作时，则可以将现实世界中这些具体的事物化为抽象的物镜；当然，也可以将这些具体的感情化为抽象的情境。今天我们读的诗集《花开的声音》就是如此，这是国土系统的诗人柯辉的又一心血结晶，这已是他的第二部诗集，由中国文联出版社正式出版。

　　柯辉的这部诗集，有一个比较深刻的整体印象，诗歌作品写得意蕴丰满，丰富的情感中又透溢着乡土的韵味，情感朴素而意绵，思绪宁静而透明，这是诗人深耕生活时的凝练。比如诗集中收录的《女儿》一诗这样写道："时间的尘土是永恒的文字/你是花的图案/你是生香的文字/你是梦的形状/你是幸福的生日//千里内外/你是秋收的粮食/雨雪飞扬/你是冬日的温火/明月星稀/你是朦胧的云朵。"诗人在这首诗歌作品中借助"花""生香""梦""生日""秋收的粮食""冬日的温火""朦胧的云朵"等意象含蓄地表达了自己心中对女儿的那份父爱。这首诗作以其真挚的情感打动了我，而且这也是一种最为朴实的父女情感的自然流露。作品中的情感很真，是心灵中以及平时生活中自然产生的一种强烈的情感。我曾经多次说过，凡是感人的诗歌作品，必然流露着真情实感，并呼应着诗人心灵和灵魂的诗歌作品。这类诗作之所以感人，就是因为它们能以真实的纯朴的情感，以及浓郁的具有抒情色彩的基调拨动着读者的心弦。

而且，当我们的诗人在平常的生活中对某一具体事物所触发的感情累计越来越多的时候，那就不吐不快了，同时这一具体事物已经容纳不了诗人的丰富情感，于是，诗人就会采取直抒胸臆的办法来抒发心中的情感。直抒胸臆，有直接感动读者的诗意魅力。比如诗集中收录的《爱》一诗："春天的花朵/热过之后/结出秋天的果//叶红时/是你出生的日子/今天/眼里唯有一枚如火的秋//雪时/我依旧陪着/冰洁/是我的季节。"

一般情况下，诗人在创作诗歌时，必须对自己那些具体的情感不断地进行提炼和概括，只有这样才能使诗作情真意切。由于人的情感是比较复杂的，特别是诗人的情感不仅复杂，而且更加丰富并多愁善感。所以，当诗人在进行创作的时候，平时蓄积在一起的各种情感就会纷至沓来，而这个时候诗人就会让起主导作用且又最能反映自己的心境的情感流进诗行。

换而言之，诗人的情感一般都如滔滔江河，但只从江河中舀取一瓢，然后再对这一瓢进行过滤和净化。比如诗集中收录的《月夜》一诗："想踏月而去/去绿色的深山/觅一种鸟鸣久违的幽香/那是前生捧在手心的花朵/沿着流动的月光/向爱的顶点慢慢攀爬//今夜的一轮皎月/照着越来越美丽的灯火万家/也照见故乡干涸的池塘/蛙声不见/如同我的韶华//想静夜悄悄而去/隐在月华里/心留给夏日莲花的庙宇/月色过后/了无踪迹。"在这首诗歌作品中，我们感觉到诗人涌动的诗情，诗作中描写的月夜都是平时最平常不过的，但在他的诗行里却注入了艺术的美。可以说这与诗人的思想水平以及他平时对生活的感悟是分不开的。这类题材的诗歌作品都是来自他对生活的观察与感受，以及他在诗歌艺术上的不断追求。

其实，诗人在创作诗歌作品时，就是在实现自己对这个世界的审美观照。所以，诗作中经过提炼和概括的，以及具有个性化的情感，就是在展现诗人自己的精神面貌和个性形象。诗论家朱光潜先生在他的《诗论》这样说道："情趣如自我容貌，意象则为对镜自照。"在这部诗集《花开的声音》中，诗人柯辉的丰富情感以及自我形象显得比较突出。

可以说，这部诗集中收录的这些诗歌作品，诗人柯辉的形象较之他的个性，应该是突出了主要的。而且诗作中的情感都显得比较炽热，并且得到了一定的浓缩和强化。因此，这些诗歌作品的内涵也就显得比较丰满，想象的空间也比较大，题材也带有一定的普遍性。比如诗集中收录的《情》一诗："风雨中微微战栗的小蜻蜓/不舍秋莲的残韵//你的眼波　如风轻轻/涟漪我的心境//隔着晶莹的酒香/紧握三生的杯子　接你偶然滴落的清泪//人间真好　是因为你好/最成熟的果子　只有一枚。"诗人柯辉在这首写给妻子生日的诗歌作品中，用朴素真挚的情感向读者展示了他对妻子深情的爱。诗人对妻子的浓浓情意，也让我们感受到了诗性的力量，而这种力量又不断绵延在我们的心灵深处。

众所周知，诗人在创作诗歌时的情感越真切，那作品中的情感意境也就越优美。诗作中有真情实感，才会透溢出打动读者的优美意境。而且这种真情实感，虽然没有借助具体的物象来寄托，来抒发，但读者却可以从诗行中感受到诗人情真意切的情感不断溢出，并迅速还原或幻化出诗人的自我形象。因为诗歌作品中的情感抒发是诗人自己，所以读者从诗行中感受到的情感并转化出来的诗人形象是透明的。也就是说，诗歌作品中呈现出来的诗人自我形象就是诗人的精神世界的一部分。比如诗集中收录的《心事》一诗："一种心事/被月色反复吟咏/让无尘的钟声发蓝发红//芸芸之中/分不清尘埃还是长翅的蜜蜂/薄薄的梦/在无涟无漪的水面/像花开的隐痛//单行路上/四面皆风/心一暖 雪花满天空/谁的眉/昙花一样的彩虹//因/为心接风/果/为心送终。"

总而言之，诗人柯辉在诗歌作品的创作中，不是以明晰而稳定的具象来寄托情感，而是以率真且富于流动的情感来赋予诗意。所以，这也是这部诗集《花开的声音》的特征之一。

诗人柯辉的这部诗集中收录的作品，基本上是以他走过的千山万水为背景，用朴实的笔调，精心描摹了他所感受到的大地风情。诗歌作品中的人和物、场和景，无论是描写物象，或绘制场景，还是叙述事件，都那么富有诗意，那么生动传神，那么形象逼真，可谓是一幅幅笔墨简洁而又意韵丰满的大地美景图，安静而祥和。

对于在物欲横流和嘈杂喧嚣城市中生活的我们，今天品读这样的诗歌，让尘封的心突然得到了洗涤，因为登高望山听水，总是那样的安详与清新，这一直是令人向往的。而且，这部诗集不管是描写爱情，还是描写亲情，都有着传统意义上的现实主义风格，淳朴、厚实、稳健、接地气，善于捕捉和处理日常生活中的一切细节与经验，所以，这部诗集中的作品大多数具有比较强的表现力与感染力。

（原载《中国国土资源报》2015 年 9 月 15 日；《南昌晚报》2015 年 10 月 25 日，第 14 版《悦读周刊》）

语言与内涵相得益彰

——评陈明秋诗集《时光的门闩》

欣闻明秋大哥要出版一部诗集，于是迫不及待到他办公室索要手稿一睹为快。

尽管认识明秋大哥时间不到两年，但我们早就神交已久。第一次见面是在诗人朋友聚会的酒宴上，他对我说早就在我的长篇文学评论专著《穿越时空的对话》中认识我，我说我也早就在他热情豪爽以及他的诗歌中认识了他。这也许就是冥冥中注定的，是缪斯让我们神交在一起。

明秋大哥年少入伍，是在部队大熔炉的锤炼中不断成长起来的诗人，早在二十世纪七八十年代就开始创作并发表诗歌作品。部队的特殊生活使得他的诗歌作品大多豪气干云、热情奔放，特别是那些怀念战友、怀念亲人的诗作，情真意切，读来总能让人眼含泪花。应该说，这些诗歌作品所形成的风格，是由他的人生观和价值观所决定的，责任感和使命感以及生活视野所决定的。

由于多次辗转搬家以及因公务较多而搁笔多年，以前创作的诗歌手稿大多遗失，收录到诗集《时光的门闩》中的这部分诗歌大多是近年来重拾笔端的作品，共分"故乡：无法抵达的地方""一个站立的誓言""不愿醒来的月光"三辑。

（一）

"故乡：无法抵达的地方"，这是第一辑的小标题，它本身就是一首诗。

这一辑中的作品，顾名思义，是描写故乡的诗歌。品读这些诗作，你会深深被这浓郁的故乡气息所笼罩，也会被诗行中漫溢出的情绪所感染，使你跟随着作品中的文字回到记忆中的故乡。

人类城市化进程发展到今天，当城市高楼林立，信息高速公路把世界缩小为地球村，到处都是城市化时，与之完全异质的怀念故乡的诗歌作品则成为我们的珍爱。这也许是当代人灵魂家园失落后所做出的艰难寻找吧！所以，今天的诗人通过对故乡的深刻感念，唱出了这个时代的最后的田园牧歌。

这一辑的诗歌作品别具一格，淳朴而深情，字里行间流露出作者质朴、真情和结实的风格，特别是对故乡亲人的眷顾，深切怀念之情跃然纸上。比如："拐了许多弯/看到了我的家/斑驳的灰墙土瓦/倚在门边的母亲，满头白发/我伤心、自责/干涩的眼里涌出了泪花"（《家》）"昏暗的地下室隔房/早出晚归刻成了门牌号/两条长长的铁轨/一张儿子的照片/在睡梦中飘泊萦绕//看不见蓝天白云/听不到鸡鸣犬吠/刺耳的轰鸣要把乡愁赶走""'爸爸，我爱你'/'儿子，我想你'/两头的泪滴串成有线信号/希望——不希望出现短路/日复一日，年复一年/父爱，总这样飘来飘去"（《飘泊的父爱》）"我站在门口/仿佛看到老家的茅屋/儿时的幕幕/还有进城后/父亲在田里的腰直腰弯//对门被枣子压弯的树枝/夕阳拉长父亲驼下的背影/把心深深刺痛/远处奔流不息的赣江/涌进了我的瞳仁"（《父亲》）等。在这里，诗行中的"母亲"和"父亲"这一形象刻画得更加丰满和完整，品读起来让我们深受感染。

同时，这些诗歌作品处处贯穿了作者与故乡同呼吸共患难的真情实感，因此，这些诗作便于平实中见出诚挚，朴素中见出作者精神的闪光。比如："碧绿的水呼唤游子归来/贫瘠的地不乏聪明才智/掏空的村庄/掏不走故乡的灵气/走出去的人啊，跌跌撞撞/又扑向母亲的怀里//捧起一把脚下的泥土/挺直腰杆将岁月撑起/新生让沉寂的家具精彩/演绎让明清的古典传奇/磨亮斧头、铁锯、雕刀/木兰溪的算盘/正在记录春的序曲"（《故乡的命运》）"多年后，我踏上故土/剩下的长辈又唠叨/乡村有什么好/汽车把城镇都运到田地/天上的星星都去打工了/四处闻不到猪屎狗屎/乡村还有什么味道/你要再不离开/闷死在这，活该/你看，连鸟儿都往山上跑/这个时候/我的感觉连哭都哭不出来"（《错位的乡村》）"推土机开进村庄/伸出它的大手/它抓不住蔚蓝的天空/就逮住了小小的炊烟/连同四季陪伴的老屋旧砖/炊烟含泪挣扎/跑到了山脚/看到一排排戒备的脚手架/跑到了河边/看到一辆辆警惕的运石车/她失望了/把自己浓缩成一团思念/请白云捎给远方的乡愁/弥漫的乡愁开始发愁/没有了炊烟/去哪儿寻找我的故乡"（《炊烟》）等。

在这些诗歌作品中，作者以对快速城市化而被肢解的故乡的关注，建构起自己的精神主旨和文化内涵。由于快速的城市化，故乡熟悉的炊烟没有了，曾经嬉戏的小河谷场也不见了，汽车把城镇都运到田地，四处闻不到猪屎狗屎，连鸟儿都往山上跑……作者以自己的良知关注，表现出他对故乡自然形态的憧憬和追寻，这既是对当前生存环境的拷问，又是对我们灵魂归属的渴望。

又比如《蝉》这首诗歌作品，作者这样写道："怀念笑声/

追随孩童的欢歌/感叹寂寞/听到哀怨无奈的沉默//厌倦城市嘈杂的狂热/伤心钢铁水泥般的森林/期盼过去蛰伏的松土/追忆黑夜隐藏的树梢/寻觅脱壳新生的小屋/热望滋润歌喉的晨露……如果能有一片泥土/如果能有几排林树/让风捎去我的诺言/明年邀你同台演出/你是台前的主角/我是幕后的鼓手。"

这首诗歌作品，作者沿着夏日的蝉鸣飞回故乡，淡淡的思乡之情与感怀在质朴的诗行中流淌，让人颇能感受到那故乡蝉鸣的温情。那故乡的恩情与故乡的旧梦，成为支撑着作者在尘世中跋涉的情感依托。

应该说，这一辑的诗歌作品，作者或绘局部，或以主观意志入诗，或以客观事物切入，均不无特色。

（二）

"一个站立的誓言"这一辑，有着浓郁的军旅色彩，均是作者怀念部队生活的诗歌作品。

如果你是一名现役军人或者曾经是一名军人，读了这些诗歌作品，你一定会产生强烈的共鸣，也一定会眼含泪花。有几次诗友相聚，在把酒言诗的朗诵过程中，这些军旅诗作让在座的战友泪流满面。

比如作者在怀念七九年自卫反击牺牲的战友时所创作的诗作《思念》："那年二月，一曲"再见吧，妈妈"/你把生死抛在脑后/那年三月，一个美丽的花环/遮住了你照片里的双眸/你用鲜血擦亮了军功章/母亲的泪水一夜染白了头//用白发穿针，用凄凉引线/风在呼叫，树在颤抖/缝啊缝，补啊补/每年一次的缝补/你可知否/缝补了你粘稠的军衣/缝补了你带血的伤口//很想去看看你/你让星星捎话，说山高岭陡/很想去抚摸你/你让墓碑转告，不能让母亲难受/面对南方，喃喃自语/好好睡吧/等你哪天醒来，母亲/再吻吻你冰凉的双手//放心吧，孩子/知道你饿/每天给你熬粥蒸窝窝头/你已是年过半百的人/哪能空腹远行奔走/母亲老了，不需要别的/只盼清明节，梦见/听到你轻轻说/母亲，我还没有活够。"

虽然我不是军人，但当我今天写这篇评论文章再次把这首诗歌作品的部分诗句引用到这里的时候，依然控制不住自己的情绪，悄然留下两行热泪。

为什么这些诗歌作品能感人泪下？

这是因为作者那高尚或优美的情感是本真的，所以这些诗作中的情感境界也就越美越感人。王国维说："喜怒哀乐亦人心中之一境界"，有真情实感方有真境界、真意境。这种情感，虽然摈弃了一切映衬之物，我们却可将心屏上接收的作者情感信息，迅速还原或幻化出一个"象"，这"象"便是主人公"你"或者"我"的形象。当然，有时候这些抒情诗的主人公往往是作者自己，但我们作为读者从诗歌作品中情感信息转化出来的作者形象是透明的，也就是说，作者的形象是作者精神世界的显现，表现于诗歌作品中的情感意境也就是立体化了的形象。于是，就通过情感信息直接呈现作者的自我形象而言，就诗作的情感意境与作者的精神世界密切关系而言，就诗品与人品的一致而言，这些诗歌作品要比托物寓情的诗作表现得更为主动、明显和直接，情感信息反馈的频率与速度也更为敏捷。

另外，作者还创作了一首想念对越自卫反击牺牲的亲人的诗作《牵挂》："羞愧的过去/儿子用欠单嫁接父母的生计/难言的今天/父母锯短岁月把欠款凑齐//现在，我来到你身边/看见，你的屋子很小/装不下幼时的童谣/只装下陵园的静谧/看见，你的房门已经松动/乡愁洗白了门牌和名字/我带来了红油漆/用颤颤的手给它除旧/要让春风认识你/邀请你去踏青/要让阳光记住你/温暖你的呼吸/要让你尘封的心/苏醒在父母的梦里""时过三十年才来看你/会让你责备，叹息/父母用跌跌撞撞的星辰/叠加起长长短短的过去/理解吧，儿子/今天，我不敢痛哭/我怕，怕无法关闸的泪水/淹没你今后回家的轨迹。"

应该说，作者在这首诗歌作品中表现的情感意境，是他的精神世界因怀念军旅生涯的"灵感"降临的时刻的一种特殊的形态，在我们阅读者的心目中，则是作者自我形象一次亮相的特写镜头。刘勰说："人禀七情，应物斯感"，"七情"的互相融合和渗透，在作者不同境遇下产生的各个作品中，可以形成不同的、丰富多彩的情感意境，从而给我们阅读者以多种多样的审美的感受。

（三）

对于"不愿醒来的月光"这辑，作者则把更多的目光放在了底层老百姓身上，这体现了作者真正的良心和社会责任心。

这一辑中的大多数诗歌作品饱含着对底层老百姓的感情，毫不掩饰作者对他们的敬重、赞美、关怀与同情。比如《山区学校·升旗仪式》《变迁》《守望茶海》《环卫工人》《霓虹灯》等诗作，我们只需要看一下诗题，就知道作者所关注的是什么。

他在读到《请不要让山区学校农村教育无路可走》之后，写道："管事的同志们，请把建纪念墙的钱省出/给孩子们修建教室/不要让他们在昏暗的危房/朗读《可爱的中国》"；他在看到都昌鹤舍村袁家"油盐杂货"铺之后，写道："弯弯的阡陌，挑着昏暗的岁月/一筐是苦涩，一筐是希望/捎书经给孩童，留咸淡给百姓/把阴冷燃烧成温暖/把生疏飘泊成笑靥"；他在见到为城市美容的环卫工人之后，写道："一把小小的笤帚/带着你的博大/亲吻大街小巷/吻出了大地的整洁、天空的清新"；他在遇到霓虹灯下迷路的乡下老汉之后，写道："一个乡下老汉/彳亍在街头/他被闪烁的世界包围/头晕目眩/只记的两种颜色/稻谷小麦的金黄/农舍墙壁的灰白/白天走的进这个城，买化肥/晚上出不去这条街，迷了路//走遍了田间阡陌，现在/让焦急蹲在街边的旮旯/返青的秧苗喊主人回家/老屋的炊烟又几起几落"等等。这些人对生存与命运的追求，在作者笔下得以淋漓尽致的展现。同时，作者也对客观世界保持着与这些普通民众近距离的接触和感悟。

从这些诗歌作品中可以看出，这是作者的人品和人格、思想和情感最本真的地方。这些诗歌作品所体现的情感境界是作者精神世界的凝缩与感性显现，而且诗行中所透溢出来的本真，其内蕴就是作者最本真的艺术美。

应该说，作者的精神世界是由真、善、美所主宰着的，所以他的这些诗歌作品的情感境界，就呈现出一个真、善、美的氛围。而且就算这样的诗歌作品使人读后没有精神昂奋之感，但只要能给人一点艺术美的享受，那它就同样有存在的价值。

（四）

在品读完这部诗集后，我们不仅被这些诗歌中透溢出的真、善、美所感动，更被这些作品中优美的意境所吸引。

明秋大哥作为从 20 世纪那个激情燃烧的岁月中走过来的诗人，我惊讶于他在创作诗歌作品时所运用的技巧和诗意的语言，因为在我的习惯性思维中，在那个年代里，全民皆诗的诗歌艺术几乎是一体化的生产，它所带来的是那个年代中比较单一的带有民歌风味的某种特定的品质。所以，当前的明秋大哥是年轻的，因为他的诗歌带给我们的是年轻，是跟随着时代进步而进步。

为什么说在我读完这部诗集之后会惊讶？

首先一个原因除了他的诗歌创作能紧跟时代步伐之外，另外的原因就是他在诗歌创作中不但运用了大量的创作技巧，而且驾驭语言的能力也非常娴熟。这些作品中常见的技巧有通感、移情、比喻、象征、词性转换、一词多义、讲究简约、情绪跳跃、意象叠加等。

可以这样说，这些技巧在这部诗集的诗句中比比皆是，不胜枚举，其中运用得最多的是通感、移情、拟人、比喻、词性转换等。比如通感："从山区岩缝里流来的记忆""现在，短暂的记忆飘在空中""醉了我的高山，醉了我的大海""装不下田园牧歌的音韵/装下了潮湿日子的叹息""把花香放在祖父的坟前""挑不动一担深沉的目光""时间卷缩成了图样/烈火催生了年轻雕塑""把捕获的光线留给梦乡""把不幸运回自己的洞巢""把三年的梦吆晒在门外""喝干了今晚优美的旋律""五颜六色的街灯点燃了小镇川味""把王维的绝句盛入酒盅"；比如移情："哼哼的几声感叹/写满了曾经劳作的记忆""深深的一串蹄印/拉起了农家的炊烟""我用眼睛链接短路的思维""一群白色的鹅/踩着骆宾王的《咏鹅》平仄""兴奋的水牛在住处/把静夜思反刍在梦中""洗出了北斗七星的光明/洗掉了忠孝的藩篱""用沸腾填写年轻的履历/用激荡收藏练兵的迹痕""让温柔品尝立冬的佳酿"；比如拟人："决不扯秋风秋雨的脚步""优美的圆也有坎坷""海浪叼着灵妃红黑相间的长裤""小草闪出同情的泪花""小小的茎须会把坚强抓住""青色铺满了半池""老牛兴奋地罗列了脚印""雨丝把镜头对准了我"；比如比喻："山下铺满了闪烁的星星""不忘母亲的脸像风干的腊肉""天空是一个倒扣的大海碗"；比如词性转换："鲜活安慰了江南黄昏""网住你父母拢亮的昏暗灯光""生动了那田那牛的肤色"等等。

正是由于作者在诗歌创作中运用了这些技巧，才使得作品的语言富有韵味，意境优美，让人切实感受到诗歌艺术美带来的享受。

当然，诗意的语言只是漂亮的外衣，最重要的还是主题思想的深度。如果有了漂亮的外衣，没有深刻的内涵，那只是一个美丽的躯壳而已；但如果没有漂亮的外衣，则又很难把深刻的内涵展现出来。所以，创作技巧不能凌驾于主题思想之上，而主题思想又不能束缚创作技巧的运用，只有把技巧融于思想之中，才能使得这两者相得益彰融为一体，这样的诗歌就一定是优秀的作品。

对于这点，我认为，诗集《时光的门闩》中的大部分诗作都基本上达到了这个要求。

（原载《南昌晚报》2015 年 11 月 22 日，第 14 版《悦读周刊》）

对自然的体悟和生命的感喟

——简评林莉诗集《孤独在唱歌》

林莉是当前中国诗坛引人瞩目的女诗人，她自 2004 年第一次参加江西省谷雨诗歌节开始写诗以来，一踏进诗坛，便一发不可收，引起圈内人注意。她的诗歌创作最初是从故乡开始的，尽管她在故乡生活的时间不长，但她经常会念想起儿时的记忆，并把这些都纳入自己诗歌创作的范围。在《孤独在唱歌》这部诗集里，林莉的创作自然而且无意识地流动着一个地域诗歌的命题，那就是对自然的体悟和生命的感喟与终极关怀，以及诗人个性的张扬和情感的勃发。她的这些诗歌作品涵盖着社会，高扬着强烈的生命意识，不满足于对故乡的表层再现，不止于对乡音乡情的一般描写，诗人力图运用自己超越地域文化的大视角，对现象世界进行一次又一次的审美把握。所以，在《孤独在唱歌》这部诗集里，无论是人与事，还是情与景，都成为她的诗歌创作的全息审美图像，在这些图像里，诗行中流溢出的是诗人对其过去、今天和未来的不断重新审视和再造，构筑起一方超越自然表象的精神家园。

林莉的《孤独在唱歌》这部诗集主要特色是对以"孤独"为代表的"从马尔克斯、阿多尼斯、狄金森到汉武帝、庄子、陈子昂、诸葛亮、仓央嘉措"以及"我迷恋汉武帝刘彻的孤独"和"蒹葭苍苍，白露为霜"的古典意蕴的着力挖掘。在地域诗歌氛围里，她"孤独"地叙述着故乡文化在大家心灵上的历史积淀，追求着自己的理想人格和人生境界。这部诗集中的作品，人与自然和谐统一，给人一种恬淡虚静之美，比如《不如，我们在青草地上躺下来》一诗："但，仍有新的一页要被翻开，田野里/响起了播种机的轰鸣声，桃花快开了/麦垄间传来农人的交谈，空气里有蜜粉的味道//不如，我们在青草地上躺下来吧，以静制动/负重之躯里年轻的火焰和衰老的火焰在此/用力一抱，略感疼痛。"

在灵山的怀抱中，流淌着生命的河流，这里有着温和善良的父老乡亲，憨厚淳朴的乡村风情，清新淡雅的田园生活。俊美清秀的山川风光，滋养着诗人的美丽心灵，使得诗人在心灵深处都能听到灵山和信江的朴素的声音，这是一种生命融于自然的闲逸飘然。比如她在《河流记》一诗中写道："河水从你的眼睛里流了出来，真让人吃惊/这么晚了，一口命运的深井才开始涌出清泉/一滴、一滴，滚落下来//无论你在不在，会否等待/像生命中应有的另一部分，我是如此干净/而顽固，河水一样从你的眼睛里流出来""我甚至不确定，你会第几次消失或出现/天空蓝过了，月亮升起了，船泊在河中心/那偶尔剧烈的疼痛，加深了你的神秘。"

林莉的这些诗歌作品中所描写的是乡村与城镇之间的诗意空间的不断转换，细节的渲染使其置身于世俗生活的真实状态。她的《孤独在唱歌》这部诗集中的作品基本上由布谷鸟、蜜蜂、蝴蝶、蜗牛、青草地、苔藓、藤萝、泉水、芦苇、紫藤、蔷薇、山鸡、野兔、陶罐、鱼排、河床、水藻、游鱼、泥沙、卵石、红薯、雁群、丛林等一系列常见的意象组成，有着古典意蕴的特征，也有着山水诗的风韵，这也是她贴近自然超凡脱俗的人格象征的诗艺观照。

　　在叶坞村、旭日镇、灵山的地域转换中所造成的"孤独"想象方式，也形象地隐喻着诗人创作的重心与经验，她写道："我从未吝啬过我内心的赞美，我一直在等风从背后涌过来。我深信必定有那样的时刻，万物披覆恩泽，草正抱籽，树木投下浓荫，泉水在任何土壤里涌出，死去的布谷鸟重新鸣叫，樱桃、桑葚、蓝莓熟了，被风吹拂、弹奏。"从这里可以看出，诗人所追求的是一种境界，一种"万物披覆恩泽"的自然境界，所以她说从未吝啬过内心的赞美，一直在等风从背后涌过来。显然，诗人在作品中蕴含着一个极其丰富的内心世界，包括对山乡文化的现象世界的审美把握和心灵的归宿。

　　但是，在当今社会经济快速发展过程中，面对城镇不断挤压乡村，生态被破坏，不少野生动植物遭捕杀和盗采，诗人并没有置身事外，她在《哀歌》一诗中痛诉着："山峦在其后闪光/峰脊如刀/天空被分切/獾、山鸡、野兔们在山中觅食/开始它们一天中的游荡和历险/我们辗转于此/在落满松针的小径/我们喝酒，反复讨论/酒以及/一件打着死结的事//我们吹着空酒瓶边沿上的白色泡沫/被劈开的天空，有一半/已遥不可见//时间过去了吗/时间没有过去吗//脚下空酒瓶越堆越多/獾、山鸡、野兔们，有一部分/并没有趁着夜色回来/难道黑暗中……存有黑暗？"另外，诗人在《我醒来时，麋鹿已消失》一诗中也同样表达了自己"刺骨之疼，时有发生"的哀伤。这种对生命的疼痛时不时就在诗行中漫溢出来。

　　也许，面对当今社会的一些困惑或者无奈，诗人能做的只是寻找一方心灵的净土，保持内心的一份宁静。于是，诗人留情于山乡汩汩的泉水、鸣啭的布谷鸟、浓荫的树木、累累的稻谷，从中体悟自然并领略生命的活力，发现生命的真趣，获得生命的真谛，最终回归自己的心灵。

　　山与水，万物之源，大自然之灵。源远流长的华夏文明，从一诞生，就受到它的洗礼，并且在它的发展过程中，不断地受到山之灵气与水之清丽的滋润。也许是灵山的灵气与信江的清丽孕育了林莉那华丽而流畅、自由而奔放的天赋般的诗歌创作能力，这也正是山与水所赋予的一种心灵的能量。林莉的这些诗歌作品注重主观的感受和心态的自然流动，艺术感觉的细腻、灵妙、自然、朴素，在她的诗歌创作上得到了自觉的发挥。她在诗歌作品中对自己的自然属性和社会属性的深刻思考，逐渐趋于全面和厚重，而且她富有女性特有的艺术感觉和气质也在诗作中得到了充分发挥，并不断伸向新意深微的审美层次。可以说，林莉的诗歌作品以真情为法则，凭着自己的艺术感觉，创造出女性诗歌的韵味，写得美丽、清纯、随意、流动，字里行间透溢出一种才情与柔情、感性与理性、情绪与思绪这三者相互结合的象征的诗性表现。

　　最后，摘录林莉的一首上榜中国诗歌网"每日好诗"的作品《葛仙寺记》，以做定格并结束本文：

那一年

我们连夜进山

背着水果、香火、未了的心事

在菩萨面前跪了下来

如今，我忘了

我们都对菩萨说了些什么

嗯，我们紧闭着眼

我们的舌底埋着

山中野兽、泉眼、开白花的荆棘

我们的嘴巴在冒险
它试探整座山谷的虚无以及
菩萨的沉默

（原载《南昌晚报》2015 年 12 月 20 日，第 14 版《悦读周刊》；
《灵山》2016 年，第 1 期；省作协《创作通讯》2016 年，第 2 期）

在光与影的世界里感受诗情

——评游华诗影集《让诗走进画里》

游华是摄影家，也是诗人。

这部诗影集《让诗走进画里》精选了他的摄影作品 58 幅，并在每幅作品后面配上其创作的"画配诗"58 首。

（一）

有人说过一句精辟的话："摄影家的能力是把日常生活中稍纵即逝的平凡事物转化为不朽的视觉图像。"的确如此。

从游华的摄影作品中，我们可以感受到，这是摄影家生命和经验的表达形式，是"通过物体所反射的光线使感光介质曝光的过程"固定下来的让人可以知觉的艺术形象，它包含着摄影家的意向看到这种外在的物质符号，以我们欣赏者自身的生命和经验为基础，去理解这定格在光与影中的形象的意义，期望发现这些艺术作品传达给我们的来自另一个生命经验体，即摄影家的思想、情感等信息，从而在生命力的表达方式中感悟到生命本身。所以黑格尔在他的《美学》中说："每件艺术作品也都是和观众中每一个所进行的对话。"在这对话过程中，摄影作品中有限的形象可以变为无限的生命意义，正如卡西尔在《人论》中说的那样："美感就是对各种形式的动态生命力的敏感性，而这种生命力只有靠我们自身中的一种相应的动态过程才可能把握。"

游华的这部摄影作品集具有某些自然属性，均是在自然中寻找到创作灵感而拍摄的，涉及视觉图像的处理、摄影家视野的选择，以及自然风光和社会生活等。而游华根据自己的摄影作品所配的诗歌作品的感知与想象，向我们展示了一个接近自然和酷似自然的艺术形象，表达了诗人独特的艺术空间感受，以及他的作品在形成自然的意识结构中的建构作用。他的摄影作品和所配的诗歌作品不仅展现一个地方的自然风光和社会生活，而且还深刻地挖掘一个地方的自然和社会所蕴含的美学意味和人文内涵。这也是游华这部诗影集《让诗走进画里》值得我评论的理由之一。

今天，当我以评论者的身份进入这部诗影集的艺术世界，开始静静地欣赏他的摄影艺术成色以及给每一幅摄影作品所配的诗歌作品时，慢慢地找到了他创作的内在的脉络。游华在这部诗影集中善于倾注自己的情感，自己的意境，自己的悟性，自己的灵性，洒脱流畅，清新温润。

（二）

游华通过相机把所到之处的场景，定格成摄影艺术多样性的体现，具有自然主义和新现实主义的色彩，并配上诗歌作品表达自己在所看见的世界里产生的艺术感受。游华摄影所建立的是一种自己的审美世界，是人与自然的一种关系艺术化。而且他给摄影作品所配的诗也无疑具有把所见世界美学化的特征，但在这些艺术美的距离中某些自然感受仍然在隐隐地传递一种精神意识。比如他在《虔诚一生》中所表达："不知翻越了多少座高山/趟过了多少次河流/磨损了多少双鞋/每一次朝圣都是日月星辰相伴/每一次心灵的沟通都是那么的释怀/岁月风霜染白了青丝/伛偻的身躯背负一生的祈愿/财产算什么/名誉又是什么/属于自己的是精神至高无上的寄托。"传递出一种内在精神世界的张力。

在游华的行走拍摄的经验中，一些瞬间抓拍的精彩画面出现在自我与世界的认知关系中。在画面的选择层面上，他不只停留在观察者的主体位置，或仅仅通过目光建立自我与这个世界的关系。在游华的这些作品中，一旦出现了本土人物而不只是风物，这种关系就从意气风发转为具体的。比如《盼》一诗："从微笑中走来/转筒内藏有无数的寄托/晦涩的六字箴言不仅是永驻于经书上/还在饱经沧桑的额头皱纹里//从自信中走来/轮筒上有无数的期待/奄嘛呢叭咩哞呢喃不仅是含在嘴中/还融在坚毅目光里//虔诚与轮回擦肩而过/心空在韵味无穷的大明咒中净化/老阿妈一生都在经桶里/祈祷来世/今生。"这就是摄影家的经验不同于普通观光者之处，日常细节在他的作品中总是展现得很自然。

所以，阅读游华这些作品后，感觉他的诗情如急流涌动，作品中所展现的以及描写的物象都是人们司空见惯的，但在他的镜头下以及笔下却注入了丰富的情感和诗情画意。这应该与他的内在感觉以及其对生活感悟的深浅是分不开的。因为不管哪种文学艺术作品，都需要来自生活的观察与感受，更需要在艺术上的刻意追求，摄影作品和诗歌作品都不例外，否则也就不成为艺术作品。

这部诗影作品集，都是游华从生活中的体验得出的感悟，这里所讲的生活中的体验得出的感悟就是人们通常所说的"灵感"。但是，什么是"灵感"呢？诗歌评论家吕进对"灵感"

是这样说的："诗的灵感，是诗人的主观世界与客观世界最愉快的邂逅，是诗人形象思维活动，由量变到质变的飞跃，所产生出来的高度创造力。""对诗来讲，灵感是因；对生活来讲，灵感则是果。"台湾诗人余光中也有句关于"灵感"的看法："所谓灵感，多半是潜思冥想之余的豁然贯通，'众里寻他千百度'之后的蓦然惊现，绝少不劳而获。"关于"灵感"这东西，它来得突然，去得也迅速，所以要善于抓住它，就必须眼疾手勤，用最快的速度和最简便的文字快速记录下来，然后进行诗意的创造。而游华则善于抓住这一点，所以他这些作品很有诗情，强烈的画面感透溢出丰富的情感。比如《旧居》这首作品："时间姿意泼洒丹青/墙成为了抽象大师的画板/野藤作为主线条/随着岁月蔓延开来/古朴、典雅/诗意盎然于春夏秋冬//主人留恋它又无奈离去/窗外的说着屋内的故事/房里的人向往外面的世界/风风雨雨/增添这座江南小镇无限情趣//窗子终于开口/对所有驻足留影的过客说/能成为你们的风景/是因为我们同样有故事。"

作品中呈现的是，犹如一位独唱的歌者深入我们心灵深处讲述一个遥远的故事，宁静而悠远，深邃而旷达。作品中抒情的主体是精神，随着岁月的流逝，现实中发生过的事情已逐渐成为历史，诗人对于往昔的追忆由热烈变得沉静。而且在这里，不需要诗歌创作的技巧含量，只需要诗人沉入到往事的河流之源头，以诗性的语言形式折射出往事的美丽，以及对生命，对社会的深深思考，并以摄影作品和诗歌作品的抒情性代之以生活性。同时，作品展示给大家的是，诗人在诗性语言的选择调配、意象的营造与思想的表达上都十分注重，而且诗歌的内在构建在作品的内容与形式等要素上向多方面展开。

（三）

游华在这部诗影集《让诗走进画里》中有一幅献给"旅途跋涉者"的摄影作品，他在这幅作品后面写道："一代枭雄/呼啸欧亚大陆的马蹄声已远去/留下一望无际的荒芜与悲壮/思绪如鸟/飞翔辽阔的历史天空//王之涣的一曲凉州词/雄浑于苍凉的边地/隐隐约约幽婉的羌笛声/千年不绝于耳/李白、王维、王昌龄……/拥挤于大唐的时间隧道/一路西去/饮着孤凄与悲凉/合韵而来/领略慷慨激昂的人生。"作品的精神内涵在这种光与影结合中得以传递出来。

在游华的这些作品中，许多自然性和社会性的抓拍，以及画配诗中的描写大部分都具备隐喻特征：山梯、雪域高原、河流、峡谷、原野、云海、深潭、雪山、神殿、雨雾、轮筒、日出、晚归、沙漠、海滩、稻城、瀑布、水乡、林海、梯田、门、蓝天、白云、渔夫、船、平湖等，以及瞬间呈现出来的世界，它们在摄影家和诗人的手中是"光与影"和"画与诗"的一次结合和呈现。"没有任何理由/随意错失一次应有的机会/人生往往把残缺的梦/遗憾于短暂的时间隧道//一个神往的地方/每座山都富有灵性/天生一双雪白的眼/目光如炬，洞察一切/为利而来，为名而累/一生又空空而去的尘世间匆匆过客//淡然而虔诚的心/才能谛听到大自然的声音/江河的脉动/拥有灿烂的精神世界。"（《目视》）

对于摄影作品，可以通过一切技术手段进行艺术化处理，比如《书写人生》作品就体现了"诗情画意"的效果。在一般的摄影艺术象征意义上，各种流派不断形成并成熟。除此之外，反映人与人、人与自然之间的摄影艺术都在发展出一种新型的关系。无论是何种意义上，摄影与诗歌都应该是一个更具有艺术美的世界。无论是摄影家眼中的自然地理景观，还是社会生活瞬间，都持续激发了诗人独特的"画配诗"的诗意视角。游华的摄影作品以及他自己所配的诗，提供了对现实生活中的世界以及自我的思考更为广阔的文化视野，并且在自己的艺术想象中，拍摄并描述了自己所理解的光与影的诗意化。同时，在游华的这些作品中，还可以看到这种自然主义与绘画主义、写实与抽象、自我与他者之间相互交叉着，从而使作品具有一定的深度和诗性的力量。

虽然游华不是专业性的摄影家，更不是专业性的诗人，但他的作品有着灿烂的艺术性。而且这种艺术性恰恰就在游华利用业余时间游览世界各地的背景中所形成的。就是这个背景为他创作出自己的作品提供了画面选择、诗歌语言，以及风格和主题。而且他的作品超越了某种类型化的画面选择和处理、风格和主题、经验和感悟范围。也许有的摄影家或者诗人可能会借助某种类型化而放大其重要性，但这会妨碍我们对其作品的解读，以及对其的深入理解。游华的作品所呈现的是，把自己的感悟作为一种隐喻，作为观照我们这个世界的一种具有象征意义的模式。

（原载《赣风》2015 年 12 月）

恬淡与虚静之美

——简评傅菲诗集《在黑夜中熬尽一生》

这些年一直在外奔波的傅菲，在山乡文化的创作中与"灵山诗群"的诗人们互为一体，而且是此次推出的《灵山诗群丛书》五位诗人中散文与诗歌这两种文体创作均取得斐然成绩的多面手。他的诗集《在黑夜中熬尽一生》收录的大部分诗歌作品都是以富有禅意的山乡文化为代表的古典本体论哲学的阐述。在浓郁的中国传统文化中，历来崇尚对山水乡村等自然的敬重与关怀，当主体的人在主观社会中失去核心的价值取向时，客体的大自然就成为人们心灵栖息之所，并在与自然的物我交流中找到平复内心乡愁的内在秘诀。傅菲的诗作中的意象大多和谐统一，浑然一体，首先给予读者的是一种恬淡和虚静之美。

傅菲的诗歌作品对山乡文化的人与事是有选择的。无论是在山水、在田野、在乡村，诗人选择的意象所表达的意境都是淡泊、恬静、空灵、飘逸的。比如《雨后山冈》一诗："一片素净的山野，芭茅枯萎/墨绿的杉树林裏在光秃秃的灌木丛中/简单的暮冬，灰雀摇曳在树梢/草间小路弯向山腰/林中隐约可见黑瓦的屋舍"；《阙台》一诗："这与远古的夜晚没有区别/山峦下沉，水蓝色的天空向南方倾斜/湖边小径弯曲，淡雾笼罩/月亮绽放，像一朵时间的玫瑰/月亮是遥远的阙台，阔亮，渺远/多少人遥望她，而今不见，而她光洁如蛹/我奔赴她，只为早日吹去她脸上的灰尘/和她一起守候时光的苍凉"；《薄暮》一诗："晚霞尚未完全退去山梁弯曲/槐树林萦绕着薄薄的雾气/素净的田园有几分萧瑟冷寂/河流隐没鸟雀忙于投宿"；《静夜》一诗："如果有一个乘船而去的旅人，他清瘦，眉宇宽阔/他把弯月背在肩上，那是他唯一的行李。/你不要唾弃他孤单只影。他会给你炭火色彩和空气"；等等。这样的诗有一种超越现实束缚的犹如庄子的"天地与我并生，而万物与我为一"的人生境界，因而得到了一种精神的升华和生命的自由舒展。诗人在山水乡村意象选择的描写中浑然和谐，表现了天人合一的人生观与哲学观。

　　当然，从傅菲的诗歌作品中我们还可以感受到，诗人对中国传统文化的审美观照，并非仅限于富有禅意的人生哲学，他那天人合一的境界也绝非淡泊、恬静、空灵、飘逸的禅意所能全部涵盖。只要我们细细品味这些诗歌作品，就会发现傅菲很多的诗歌创作从表面上看虽然裹着"禅"的外衣，但蕴含着的却是一种积极进取的精神。比如《每天早晨》一诗："敢于梦想而忘记生活的人，此刻推开窗/每天早晨，我说：早安，大地/第一件事是想看到你丰饶的姿容/宽阔，恬美。山峦延绵，满怀春意/灌木丛中，河汉邀请远方的人随大雁来看我/每天早晨，我都看见你洗扮一新/后院梨花盛开，甘棠奔泻瀑布/你的眉檐有山峦浑圆的弧线在蜿蜒/无须有人与我同行/我溯水而上，追逐远去的大雁"；《我敬畏……》一诗："我敬畏星空，那是尘埃所不能掩埋的/斑斓的光弧，银亮的瑶台/飞溅的星火扑闪扑闪/它的高远是那样的触手可及//你是我敬畏的全部，你积蓄了多年的春天的雨水/你细长的指甲密布星空的斑纹/明年阳春二月，用百里长溪边的油菜花供奉你/我要用身体供奉你，直至停止呼吸"；《有太多事物让我热爱》一诗："这个世界，有太多事物让我热爱/草尖上潮湿的足迹，野蔷薇细白的粉团/老人穿一件冬袄渐渐没入薄雾/树杈间交织的河流有陌路把你送上客船"；《它们构成我热爱世界的缘由》一诗："我常常在静夜独坐，想起你多汁，馥郁，些微的哀伤/而后又模糊隐去，在我小小的故园/我没有理由不好好生活/它们构成了我热爱世界的缘由，纵然我满身创伤"等等。所以，这些诗歌作品不仅给人以美感，而且淡泊之中有积极，虚静之中有进取，空灵之中有崇高，飘逸之中有炽热。所有这些都同样在诗人创作的作品的字里行间自然流溢。

在傅菲的审美观里，他的诗歌创作包含的不仅仅是中国传统文化的内容，而且还包含他追求精神自由和本质力量的当代人的眼光，并在创作中完成对中国传统文化的重新审视与创新。淡泊与积极、虚静与进取、空灵与崇高、飘逸与炽热的和谐统一，使得傅菲的诗歌作品具有一定的美学张力。

（原载《南昌晚报》2016 年 4 月 17 日，第 13 版《悦读周刊》）

在乡村与城市中寻找精神坐标

——评杨启友诗集《村庄在上》

对于《村庄在上》这部诗集，诗人杨启友自己给予的定义是"泛概念乡土诗选"。

什么是乡土诗？顾名思义，就是"富有乡村泥土气息和现代气息，表现几千年来中国小农经济向现代化大农业转变过程中人们的心路历程，以田野、风车、炊烟等为意象，托物咏情以及思念故园和家乡的怀乡诗等统称为乡土诗"。

诗人杨启友出生在乡村，从小就有过乡村的经历，现在生活在城市里，虽然居住地离乡下老家不远，开车也就二十分钟就可抵达。但是，诗人怀想乡村，从某种意义上来说有一种逃避的心态在里面。现实中想要生活得好一点，可精神却又希望回到梦想的天堂，找不到梦想中的天堂，于是就寄情于诗歌作品中的乡村。所以，诗人创作的这些诗歌作品中的乡村又都是记忆中的乡村。可以说，诗人杨启友的这部诗集《村庄在上》是在乡村文化与城市文明两大版块的挤压和交融中诞生的。

（一）

母地，是诗人杨启友创造的一个词语。他对"母地"这个词语的解释是："母亲般生我养我的土地。""还可有母亲生活的土地这种牵强意。""母亲生活着的土地，是我前三十余年朝夕盘踞的成长地，成为我走出去后的感恩、奋发原点。"

从诗人对"母地"的赞语中可以看出，他的根已深深地扎在赣西这块富饶的红土地，吮吸着红土地生长不息的乳浆，并融化在自己的血脉中。他说他七十余岁的母亲以及比母亲大一两岁的父亲，一生都守候在村庄"母地"那个巴掌大的地方，他最大的愿望，就是回归那巴掌大的地方，回归过去，回归少年直至到襁褓里。

于是，他在这部诗集的开篇之作《我是父亲生活在城里的儿子》中这样写道："说得清楚一点，应该是这样——/我原是父亲农村长大的儿子/只是后来脱离了乡村，移栽到了城里//从乡村到城里——十公里路程/这简单的十公里，把我/和父亲，分别包围在城市与农村//跨越十公里，我从一本课本/到一个岗位，从一个岗位/到拥有一个城市人的身份——//这十公里，我走了半辈子，父亲期待了/一辈子。往后的半辈子，我规划着想法/是否可用来从城市——走回乡村/……"

这部诗集就是飘逸在赣西乡村红土地上空的一首首田园牧歌。诗人杨启友写那些虫子的舞蹈、谷子或者花、番薯清香、雁阵、鱼塘、西瓜地、房前屋后、路边树、草鞋、水泥路、清澈河、青翠竹、元宵舞龙等，写那些过着质朴自然的生活的父亲、母亲、爷爷、奶奶、外公、外婆、老姨妈、外来婿等，他们用自己辛苦的劳作，耕耘在这块红土地上，养活着自己和亲人，而且千百年来一直都是这样："我打开你，首先要看望的是父亲一般/长年生活在这里的父老乡亲。你们延展着/几千年的农耕车辙/像树叶一般绿着，像尘土一样飘扬，像雨水一样开花，像农事一样结果/像晨昏一样交替，像季节一样转换/像一季谷子一样演绎轮回/像一把泥土一样在村庄沉默着/现在——我最想问的是我的花开了/你们的花也开了吗——我的父老/我的乡亲。"
（《我名词或动词的故乡》篇二《谷子或者花》）

　　他写除夕老家祭祖、初一拜年、初二看望岳母、初三在书房、初四见少时同学、初五家里请客、初六去泉江二姐家等那些曾经亲历并依然还在继续绵延的故事，因此就有了一份发自内心的缱绻暖意，以及一份悠然绵长的乡愁。

　　应该说，在自己温馨的"母地"中，诗人杨启友切实感受到了生活在这块红土地上祖祖辈辈的艰辛与困苦，以及对美好未来永不放弃的追求。比如他在《村庄在上》一诗中写道："亲人们葡匐在村庄，一茬茬麦苗般生长/乡里乡亲的问候，温暖到心坎——眷恋/黄土黑地的村庄，步子迈不出乡土的脚印//皈依乡俗，让我抛弃未来/出发的出发，让热情的眼泪/永远滴落——翘檐的黑瓦屋顶//想到乡村的冬天，就想到过年，想到乡里乡亲/杀年猪。村庄上空飘荡猪们嚎叫的热闹/磨刀霍霍让家家户户繁华幸福//穿越村庄的朴素，我看到母亲还好/握镰打草的手依然打草握镰，从小到老/一把镰刀让她收割着乡村流水的岁月。"

　　这些带着泥土的芳香和淳朴的乡情的诗歌作品，让我们感受到了生命与"母地"融于一体的创作，已成为诗人杨启友泛概念乡土诗的根本特征。

　　从这里可以感受到，诗人杨启友已经找到了自己创作乡土诗最好的表达方式，并且坚持了自己的写作方向。他创作的这些诗歌作品中的乡村意象犹如灿烂的阳光，照耀着他身体内奔流不息的滚烫血液和乡音乡情。

（二）

关于"村庄"与"城市"的问题，可以说，现在的时代与以前是大不相同了，随着乡村城镇化的加快，社会的大工业打破了人们狭隘的生存空间，也打开了人们的眼界。许多乡村已经变成了城镇，许多农民进入了城市，由于大工业的需要，互联网、电子书籍成了生产和生活不可或缺的必需品，乡村与乡村之间，地区与地区之间，社会与社会之间，国家与国家之间的交往越来越多，越来越频繁，各种各样的生活方式展现在大家的面前。处在这样的时代中，在诗歌创作中是否会有一种无从适应的困惑？如果你是一个从乡村进入大都市的诗人，如果你从互联网、电视上了解了这无奇不有的广袤世界，你的诗歌写作是否会有一种困惑？这种困惑是否使你感到一下子来到了一个完全不同的生活世界，你熟悉的炊烟、鸡鸣没有了，你曾经嬉戏的小河谷场不见了，看到的是高楼大厦，拥挤的人流，五彩缤纷的橱窗和霓虹灯，还有衣装艳丽的青年男女勾肩搭背地招摇过市。此时，你的诗歌写作会感到一种疏离感，一种被遗弃和冷落的感觉。因为你要开始成为新的人群中的一员，你要开始新的生活，你要改变自己的内心，等等。这种感觉不仅是生活在乡村从事诗歌写作的诗人朋友所熟悉的，对那些生活在钢筋铁骨和水泥，飞速发展的令人眼花缭乱的城市中的诗人朋友也一样，只是引起他们困惑的内容不一样罢了。

对于这个问题，诗人杨启友则有他自己的看法："城市是后来者，与村庄比较，城市是年轻的。""城市是村庄的衍生品，作为人类发祥的生养地，原来只有村庄，钢筋水泥的城市是村庄的现代衍生。""村庄是大家居住习惯了的地方，熟悉的地方没有风景，熟悉的地方再好，也适应了，麻木了，感觉不到了。"而且他还得出这样的结论："乡村的发展是为了向城市靠拢，而城市的发展是为回归乡村。"

于是，他在《居城十年》一诗中这样写道："居城十年，问好了城市十年/我不想改变我的好习惯，也不想改变乡下人的心思/同时那种对城市的亲近也有了不容改变/居城十年，见证十年。我一个乡下人的心思在城市/同样生长十年。如果要我描述城市与乡村的关系/我只能这样说：城市在奔跑，村庄在消退/城市烹大餐，村庄种粮食/城市肥胖，村庄瘦着。"

随着当前乡村城镇化的快速发展，诗人杨启友这一辑的诗歌是关注生活状态的作品，是写在城市，并反映城市生活的方方面面，包括城市版图的不断扩张等。比如他在《城市的天空下或者水泥的兽》一诗中的第三章诉说道：

"城市的奔跑，以不可阻挡的汹涌/游离或者冲刺着时代的神经//一块版图，开始只是一块版图/随着成为一种计划，一种策略/一种手段，一种暂且，以及再后来的/一种野心，一块肥肉，和喂不饱的贪婪/一切的一切，跑出了期冀我现在与你融为一体，我早晚与你肌体相依/我居住有年的城市，你虽隔着版图的贪婪/还有距离，虽未狂热奔跑到方向迷失/但也是版图的一块版图，你与绿色/与庄稼，与曾经给我无限温暖的抚慰/早开始了背道而驰，相向对立。"

诗人杨启友的这种内敛而富有张力的诗性言说，还体现在"村庄"与"城市"特有的场景和情感的描写上，情景鲜活而生动，画面感也十分强烈。比如他的《景物排得很挤》一诗：

"打开视野，景物排得像/很挤很挤的文字。纸面上，行距狭窄/要知道，心底只想读出一点绿色，读出/行云流水。还有那藏着的一行白鹭//身居的高楼不是最高的。左左右右/灰色建筑布满。想起小时父亲种菜，尽量/把行距适度安排，想起昨天/父亲还在改造的猪舍//已经春天，忽风忽雨/忽冷忽热，心被打得像嚓嚓作响的/高楼玻璃窗。那些杨柳依依的诗句/在怀想中一次次让春风吹动。"

这样的描写，富有想象力，跳跃感也十分强，诗行里饱含着诗人杨启友在诗歌作品背后还有很多没有说出来的话，也只有对"村庄"与"城市"生活极为熟知的诗人才能创作得出来。他这样写，也让我们感受到了"村庄"与"城市"的巨大反差与特殊的联系。

从这些诗歌作品中可以看出，诗人杨启友的泛概念乡土诗源于他的乡村生活，又为他目前居住的城市现代生活所观照。他也不再是以单一的泛概念乡土的视角来观察和体味当前的生活，而是因了他从乡村走向城市又希望从城市返回乡村的生命直觉和理性思考相融合的一种诗歌创作题材。

（三）

在乡土诗的创作中，"节令"一直是一个基本的素材和常用的意象。这其中首先是专门以"节令"为题材的诗歌创作者，对于"节令"的吟唱；其次是"节令"指导耕作与生活的叙事性描写，大致上以节气时令的具象为创作材料，表现乡村的日常情趣和生活状态。

诗人杨启友专门把以"节令"为题材的诗歌作品归纳为一辑，并把此总结为"村庄守在节令的圆圈里，她是变化的，也是不变的；她年老着，又年轻着"。应该说，这是精神背景形态上符号性的乡土诗，它作为数千年的农耕文化的载体，成为诗人之于乡村抒情的基调。

　　这一辑诗歌作品，语言朴实，铺陈了一年二十四个节气中的某些典型细节以及特定的风俗习惯，比如到了立冬，萍乡的风俗习惯是吃狗肉进补，于是在冬季，桌上的狗肉就成为上等菜："十分珍爱这样晴好的秋冬交替天气/在这等用餐时刻的室内/仍能真实感觉和煦轻风与温暖阳光的眷顾//点菜的朋友说'今天立冬——吃狗肉——'/原本散慢与人说谈，听了这话的我/内心有一股潮水散开//多少年前，狗肉应该是我们的饕餮大餐/不是谁家谁人都能吃，必是节日/或宴客的高规格大菜。后来虽也稀罕/但在公款吃喝中流行过多/狗肉多带些腐败异味//今天这餐上，听朋友说立冬吃狗肉/真正的情份虽盖过了奢糜吃喝的讲究/……——这些意象之词/仍同时穿过我的心尖脑际//当讨论以何酒佐菜时，共同意见是/喝轻松一点的啤酒。而桌中一个发言/说据了解喝啤酒吃狗肉/是一种不科学而有害的搭配/虽然最终结果被大家否定/但我记住了这个朋友的异论。"（《二十四节气诗选》之《立冬·狗肉》）

　　在这首诗歌作品中，白描的写法，将吃狗肉的场景刻画了出来，"肥肠肥脑，朱门酒肉，以及雾霾频频"跃然纸上。另外，诗行中也满溢出诗人对"在公款吃喝中流行过多/狗肉多带些腐败异味"的鞭挞与讽刺。

　　这一辑诗歌作品显示的不是村庄与节令的表象，不是我们常见的那种演绎春秋节气时令的简单展出，诗人杨启友不是村庄之外的旁观者，他自身就是"守着中国传统的节令文化"的当事者。"节令"在他的诗歌创作中不仅是一种精神上的寄托与再现，而且还是他"对原来的不感兴趣的东西，却慢慢感兴趣起来，比如二十四节气这样的知识，在心中的分量不断增加"。这种日常生活的形态，本身就是生命中的心灵战栗。

　　诗人杨启友的诗歌作品语言多处以口语入诗，虽然不精致，但朴实、自然。比如他的《春在春天里》（节选）一诗：
"温暖尚在远处，那些边沿的风绕过鸭子的身后/写意画的山水
似乎有了感觉，也似乎有了渐渐的湿意/爱的影子还在躲闪，树
的腰身还在昨天的梦里/天真烂漫的人还在数星空里的星/其实很
多的很多已经到达，已经快把时间包围/为什么就没有感觉到春
在晃动呢/为什么不驻足望一望头上天空的美好呢/你们只顾匆匆
忙忙赶路//只有我自己知道村庄是养着钟声的/村庄养着的钟声
已然被打湿，我的心地已然被打湿/我知道这是春的春天的开
始。我回顾我成长年代的渴望/我被自己感动，我知道春在春天
里，我在来的路上/还有那些故事，那些一年比一年生长茂盛的
故事/它们是我生养村庄的水草，因了村庄的水/因了村庄的遗
传，它们一年比一年生长茂盛/因了它们的茂盛，我获得爱的自
由。"

这首诗歌作品，给人以"丰盈"的感觉。虽然这类诗风丰
盈的作品往往会给人以"非诗"的感觉，但诗人杨启友正是以
这种效果，有意地排除那些在他看来是过于简略的修饰，用朴
素真挚的情感向读者展示出他内心世界的丰富与博大。诗人对
乡村的浓浓情意，也让我们感受到了诗性的力量，而这种力量
又不断绵延在我们的心灵深处。

因此，在诗歌作品创作中也不只是单纯追求精炼，而不能
丰盈。不过，诗作中量的丰盈，一定要顾及并有助于质的丰
盈。在诗歌作品的创作过程中，随着诗人认识生活、思考生活
的不断深入，在创作之初没有觉察到的好东西会不时涌现出
来，此刻就要注意如何把这些好的东西丰盈进诗歌作品中。当
然，丰盈的部分一定要与原来的那部分融为一体，丰盈的部分
有适当的位置，就会相得益彰，就会使诗歌作品的形象更加丰
满，思想更加完善。

（四）

村庄与城市，是诗人杨启友诗集《村庄在上》中的最重要的两个关键词。这部诗集共分四辑，而"村庄"这个关键词贯穿整部作品，"城市"这个关键词也时常出现在这四辑中。无论是"村庄与城市"，还是"村庄与奔跑"，都与之有关。

"村庄"是外出打拼人士的出发点，也是他们的"地气"。诗人杨启友在他的这部诗集第四辑的赘语中说道："当奔跑与村庄联系在一起，作为表达作者个人的意思，不指其他，只想表示与村庄的关系更远一点，或者说只表达不特指生养的村庄、母地意义上的村庄，但作品在题材上又是围绕着村庄展开的，与村庄还存在即离关系。""生之为人，其奔跑就不可能停止，即使腿不跑，心也在跑。""离开了村庄，就不可能回去；既然回不去，就得勉力奔跑着。"这些话显示了诗人杨启友对深入灵魂与骨髓的"奔跑"的独特理解。

对"村庄与奔跑"的理解，也体现在他的诗歌作品中。比如他的《一个词的"乡"》一诗："乡是一个词，一个不论你长居一地/从小到大，至老死；还是落地为生后/四处打拼，长年奔波/嘴里都将念叨的/一个词——//乡或者还可看作一条路/一条——拐了两个弯之后/沿线的两端，一上一下，一南一北/各走一方，一直走进云端或者/泥土深处的路//过去生者有命，都居乡里。那时的乡/叫乡土，山乡，乡村。乡是泥土味的/山果香的。隐在林子里，息在水草边/流着清泉水，行走在一年四季的耕作里/更替在日出日落的自然规律中//后来，乡长大了，继而虚肿，孪生了镇/又演绎出城，位置的排列，也由乡镇/直至城乡，然后是城市大肆扩张/城就这样跑在了前面，而乡/渐趋躲闪，退避，羞涩，零落//背离乡里，失去乡土，流落在外讨生活的人/情怀就敏感，常常梦中回归故乡/那些身份还拴在乡里的人/更是慨叹，说他们拥有的/是进不去的城和回不去的乡//时间前奔的行程中，乡却在割舍不了的根系里/回头，往后走，她是城乡的乡/也是乡亲的乡；是打碎的乡/也是归途的乡；是失落的乡/也是血脉的乡。"

在这里，诗人杨启友用不同的表达方式，倾注了他对乡村被快速城镇化以及在外打拼的乡村农民的理解与关注。这是诗人一种可贵的情怀，也正是一个诗人应有的良知与责任心。

在外奔波者，背离着家乡的道路，这也正是诗人杨启友从乡村进入城市生活所走的道路。旁观者与当事者的双重身份，使得他成为可靠真实的诗性言说者。正是在这种双重身份的背景下，诗人杨启友所创作的诗歌作品才透溢出一种复杂的情感。而这种复杂的情感，来自他的双重身份以及两种不同视角下的村庄，一种是记忆中的村庄，一种是现实中的村庄。无论是记忆中的村庄，还是现实中的村庄，在诗人杨启友眼里都是血脉性的根系所在。比如他在《灵魂上》一诗中这样写道："一个佝偻的老者，守着瓦罐/遥想陈年旧事，如风吹过田野/那些沉甸庄稼的笑声/如在下雪的冬天，穿着草鞋/脊背压弯了，走在野兔出没的山沟//这样一个老者，如果画出眉睛来/他可以是我现今仍然硬朗/生存于农村的，父亲的形象/也可以是，我已然逝去的/父亲的父亲的形象//那只瓦罐，还有脊背的弧度/是他们质朴，勤劳，认命的传统/那些庄稼，是他们的志向/草鞋和野兔，是他们温暖的相伴/山沟嘛，可是他们一生行走的命运//然而我脱离了他们，从小/我被祖父养在他的故事里/被父亲养在掌心里/我的任务是识字，读书/然后脱离村庄，脱离农家的旧事//春风吹来时，在这个春天/我显得无聊，内心空洞/日子越丰足，越怀念那种襁褓中的温暖/好像一只旧时的燕子/在思想的灵魂上，飞来飞去。"

这首诗歌所要表达的那种"日子越丰足，越怀念那种襁褓中的温暖"的"树高千丈，叶落归根"这个主题尽管过于平常，但依然有一种沉甸甸的直抵心灵的精神力量。不过，恰恰相反的是，这种精神力量不是为固守家乡寻找理由，而是为"奔跑"指示"离开了村庄，就不可能回去；既然回不去，就得勉力奔跑着"这样的理解。也许，这样的理解好像有点矛盾，但只要站的角度不同就不存在逻辑上的悖论。因为唤醒一个人的乡村情怀，绝不是成全一个人的乡村梦想，生活的约定是面对生计而务实的。所以，在诗人的眼里也就成了"生之为人，其奔跑就不可能停止，即使腿不跑，心也在跑"。

对于在外闯荡的人来说，是用一生在抗争与打拼，从而实现命运的转变。于是，这就意味着在抵达了与其他人认同的存在的基准线之时，心中就会油然生出沧桑感，就会留下怀想中的乡村意象。诗人杨启友创作的这些诗歌作品，并不是单纯寄托记忆中乡村的纯美幻象，而是在拉开距离的回望后承载了更多乡村意绪的场景。

（五）

在《村庄在上》这部诗集中，诗人杨启友宣泄着强烈的乡情，并转换为丰盈淳朴的诗歌语言。单一的乡村主题指向，延伸了诗人对乡村意象的探触以及事物内部多层次的呈现，建构了诗人对诗歌文本的丰富以及创作技艺所展示的精确。

乡土诗的创作，在我国有着比较久远的历史，也是诗歌创作的传统主题。泛概念乡土诗，是诗人杨启友对自己家乡的血浓于水的深情表达，并用自己的创作方式找到了适合乡土诗的言说途径。他创作的这些诗歌作品交织于抒情与叙事之间，丰盈、厚实、质朴、鲜明，在适度的韵律中把城镇化的现代乡村与城市漫溢于诗行。应该说，这部诗集中的作品与诗人杨启友的个人气质是一脉相通的，低调不张扬，平静不喧嚣，在乡村与城市的现代人命运中寻找属于自己的精神坐标。

当然，对于这部诗集，诗人杨启友在寻觅当下乡村与城市的一些意象的描写，以及在更新更深的层次上准确而传神地再现现代乡村与城市命运的历史性变化等方面，还需要进一步挖掘和透视。在创作时不回避或者钝化日常生活中某些容易忽视的细节，而是对当下的乡村与城市的变化进行心灵的发酵和醇化。在质朴与平静中，把快速城镇化的现代乡村真实可信地呈现在读者面前。另外，对乡村与城市的深度描写与思考，应该更加清晰，特别是对乡村与城市的命运的记录与深切关注，要有思辨的色彩。只有这样，读者才会在这些抒情与叙事、描写与思考相融汇的诗歌作品中，体味到生活的真实，感受到"母地"的尊严。

（原载《江西工人报》2016 年 5 月 14 日，第 A3 版副刊）

家园的情感指向

——评殷红组诗《地球深处的家园》

江西诗人殷红的这组诗歌作品《地球深处的家园》具有后乡村时代的人文特征，透溢出一股清新自然的审美气息，在一定程度上以乡村的恬静、空灵、淳朴、优美的意境，暗合了当下诗人寻找精神家园的情感指向，对抗了城市工业文明快速推进挤压人的灵魂和扭曲人的个性的异化，表达了诗人对灵魂归属的渴望，以及在理想与现实的交汇处对自己心灵的抚慰，从而净化并产生一种供自己和读者渴求的精神之源泉。

这组诗用朴实的笔调，精心描摹了诗人生活中的人和物、场和景，诸如一片银杏树叶、一朵花、一滴露水、一窝鸡、一园青菜、一家老小、一条小溪、一棵松树、一朵云、一把松明火、一把黄铜唢呐、一片阔叶林和针叶林、一片丰腴的谷底油菜花、一块石头、一块铁、一个站在石头上的铁人、一把砍刀镰刀菜刀乃至杀猪刀、一道闪电、一块黑黑的土、一只铜铃、一只飞鸟的翅膀、一片佛光、一粒星辰、一片星光、一小块菜地……等等，诗人运用这些意象来加强表现，但各个意象却只求内在意义的相近，不必要一脉贯通，不求天然配合。因此，在诗歌作品中无论是描写动植物或绘制场景，还是叙事事件，都那么富有诗意、那么生动传神、那么形象逼真，安静而祥和。这是诗人在用心灵与美对话，与生活对话。品读这样的诗歌，可以让我们尘封的心突然得到了洗涤，因为带有农耕时代烙印的乡村，总是那样的安详与清新，这一直是令人向往的。

诗人在这组诗歌中善于捕捉和处理日常生活中的一切细节与经验，作品具有比较强的表现力与感染力，展示了诗人自己的个性和特色，没有大家常见的那种停留在字词句表层的情感泛滥，也没有意蕴浅显的叙事铺陈，而是抓住现实生活中的某个细微处进行深度挖掘。比如组诗中的《地图》这首诗歌作品，诗人没有对"地图"所"具有严格的数学基础、符号系统、文字注记，并能用地图概括原则，科学地反映出自然和社会经济现象的分布特征及其相互关系"等方面进行描写或者叙述，而是摄取了"一片银杏树叶/被我夹在一本诗集里"这样一个生活中很随意的细节，以此切入，达到了出奇制胜的效果，特别是"银杏树叶"这个意象的选用，让这首诗作的主题得到了强化，这是一个隐喻。然后，诗人顺着这个意象不断铺陈，有故乡泥土的味道，有鸟的鸣叫，有草的颜色，还有炊烟的白，河水的清澈以及女人暖暖的蓝，让诗意一步一步得以加强，再"从银杏叶的脉络/我看见回家的小路/看见一缕阳光/缓缓地移动，从东边的山岭/移向西边的稻子"到"而面南的家，没有关上大门/静静地蹲在地图深处"，让内涵进一步深刻。这首诗歌应该说是诗人殷红善于从细微处发现诗意的比较典型的作品，意象的张力在这首诗作中得到了淋漓尽致的体现。

同时，这组诗歌不仅体现了诗人驾驭诗意语言的能力，而且还向我们揭示了诗人丰富的内心世界，在阅读的过程中，我们会下意识地被其中的情感所打动，比如《小院》一诗："不需要很大/只要够种下四季花卉/一棵金钱松或八月桂/让老父亲月下听琴/有一个知音/阳光下饮茶读报/有一片小小的绿荫/以及可以信赖的靠背/再有一小块菜地/让老母亲打发闲暇时光/松一松正在老去的腰腿/他们离开土地已经很久在这城市的上空/四面风替代了他们的嘴//作为儿子，我只能/在梦里建一座小院/减缓他们老去的速度/除此而外，我无能为力。"没有太多的华丽的语言，几行很朴素的句子，将小院里生活的场景勾勒出来，家庭的和睦、温馨、幸福跃然纸上，而且诗人在抒写中以层进式的情感，把对父母亲的爱不断进行升华，让我们切实感受到诗人朴素和真挚的情感，这情感直抵我们的内心，所以读来令人动容。也许是因为真情表现亲情至爱的缘故，这首诗作在内容和形式上都尽量做到朴素自然，在语言和情感上都尽量做到精致细腻。因为这是骨肉至情原本就作为人的本能的属性，所以这一类诗歌作品一般情况下都会最为直接地表现生命的体验，情感也最自然的，无须过分雕饰。

值得一提的是，这组诗歌作品中的情感意境的有效合成，让叠加的意象浑然一体，不过这些叠加的意象在作品中相对来说仍然保持着它的独立性，从而使得诗歌情感的表现和意境的创造具有一定的生命力。由于这组诗中的意象以朴实、透亮、鲜明散发出浓郁的乡村情韵和人文气息，且充满了流动性与节奏感，因此这些叠加的意象就成为创造作品情境的主要手段，而且这些意象在诗歌中的流动、转换、深化也使得作品的情思得到进一步的加强。在这里，家园、松木坑、清明、父母亲、香径、风筝、院子等是情思的落脚点，也是情感意境的创造过程中不可缺少的意象，而情境又是在不断跳跃的意象组合中完成的，最后构成了一幅幅完整的、情景交融的画面或塑造了一个个独立的艺术形象。

（原载《今朝》2016 年 6 月，第 2 期）

山乡文化意识的不断深化

——简评徐勇诗集《静止到奔走》

与渭波、林莉一样，徐勇出生在江西的一小村庄，长大后参加工作在家乡的县城，从某种意义上说，他们三位都一直没有离开真正意义上的故乡。很自然，作为家园厚土的坚守者之一，他的《静止到奔走》这部诗集通过对故乡山水的深刻感念，唱出了这个城镇化快速发展时代的乡土情歌。

徐勇的诗歌创作，按其诗集《静止到奔走》所归纳的五辑，可分为不同的题材或不同的写作心境，其山乡文化意识和诗艺创造不断进步和深化，成为一个否定之否定的审美过程。也许是山乡的恩情与山乡的旧梦已经成为诗人在尘世中跋涉的吉祥物与情感依托。因此，徐勇的大部分作品主要致力于抒发不同时期的故乡山水带给自己的不同心境和感受，探讨并"观照世间万物和宇宙人生，直接深入事物的本质核心，从而激发对真、善、美的不懈追求和对人类、自然、宇宙的终极关怀"。诗人以内心美好的满腔激情和鹰击长空的开阔视野，把创作的触角伸向故乡山水以及游历他乡山水的美好事物，从山乡到城市，从历史到现实，从生活到书本，在立体和多维度的创作构思中，勾勒出了一幅幅山乡风貌、江河溪水等自然景物与现实生活以及心灵感触密切相关的图画，透溢出了一种特有的并带有哲思的艺术美。

徐勇的创作无疑是有成绩的，尽管他的诗歌作品在艺术力度与厚度上还在不断追求中，但在众多诗人表现故乡山水或者游历他乡山水的文化审美与创作主体的审美超越中，他有自己的文化意识和艺术感染力。比如他的《家乡的鹅卵石》《兰亭》《月岩》等诗歌作品。

在对山乡文化进行审美观照时，与渭波等诗人的诗歌创作一样，徐勇的作品同样表现出对生存的抗争与生命的终极关怀，而且多从哲思的角度不断进行挖掘，所以他们的诗歌作品多了一些让人思考的反省与说教。比如他的《路过打铁铺》一诗："昏暗的木屋，飞溅的火星/高举的锤，伴着明月缓缓下沉//请把微微的弯曲，一点点/敲直//要不，请把笔直的骨头/一点点扳弯//这些年，我一直这样活着/双手垂立，偶尔举过头顶。"诗人在这首诗歌作品中强调生命的活着的感觉，这种感觉的外延思考所呈现给读者的是一种具有追求人的理想和人的本质力量。因此，诗歌在这里就超越了感觉，超越了意象，达到了诗人所追求的理性的象征。表面上看，诗人是在写铁匠铺打铁这一事情，但其实诗人的创作是从现实生活出发，隐喻着呼唤现实生活中人性理想的实现。

徐勇的《静止到奔走》这部诗集中收录的作品大多选取了不同时期的某个生活片段或者不起眼的角落，展示了诗人在不同时期的不同心灵波动，探索了故乡山水或者游历他乡山水的文化心理结构中的历史积淀。

（原载《南昌晚报》2016年7月31日，第13版《悦读周刊》）

日常琐碎和经验的暗示与隐喻

——采耳的诗歌谈片

　　将创作的视点投向现实生活中容易被人忽视的一些琐碎的日常事务和经验，善于"在形而下的物象和表象中发掘被遮蔽的诗意"。也是诗人采耳所创作的这几首诗的一个明显特质。通常来说，作为诗人，"如何在最为日常的经验中发现诗性并有效地表达它，才是一个诗人最大的写作难题"。当然，诗人在创作中，还要能摆脱生活经验材料的牵累，借助意识和诗性的跳板飞腾起来。

　　在这几首诗歌作品的创作中，可以感受到，采耳是在借助日常生活中常见的事物和一些琐碎的经验，利用暗示与隐喻在扩充诗歌作品的内涵。这里主要体现在对含蓄的遮掩和装饰，以期达到所表达的意义不外露。但是，只要你静心地品读，作品的意义就明朗了，内涵也就可以理解了。其实，采耳在诗歌的创作中并没有将诗意弄得那么复杂，而是简明扼要地引导我们进行思考。

　　阅读采耳的诗歌作品，会让人觉得，一般用来表达诗歌情感和内涵的语言在这里可以派上用场，于是诗作中具有了几种比较复杂的意义结构方式。比如"这是我所见过的破败的箩筐/和一堆空酒瓶堆积在角落/荆条编织的箩筐/装过土豆和刚打下来的/青青的核桃/在某些时候或许/还装过路边的粪肥/我如今见到的箩筐/只是一个布满灰尘破旧的废弃物/这是我妻子娘家的乡下/许多人家庭院的角落都有它"（《在角落看见一只旧箩筐》）；"爱青葱之美，有些惆怅/只是现在是黎明时分/面对固定的作息/向你问声早安/行云不断，流水经年/大多数被红尘埋没和磨砺的美景/还剩几度年华可虚度/然青春不能遗留/赠你红木梳，予我夜光杯/你说年华似水，我的青春已瘦/人面桃花，春天已凉/我想念那块豆腐/伴你青葱之美/爱你年华，一清二白"（《情忘书》）；"纸巾在窗台上，蔷薇在窗台上/我从客厅里来到窗台/用纸巾擦拭布满灰尘的眼镜/'寂寞在唱歌，温暖了寂寞'/客厅播放着音乐/纸巾穿过我的客厅，带着蔷薇的香气/我经过了你身边，你一定看见了我/当纸巾擦过灰尘擦过时光/有一朵平凡的花只为你开"（《纸巾与蔷薇》）等诗作，其中有一种对生活体验的思考，虽然没有十分鲜明的思想取向，但是诗作蕴含的意义不断穿插在生活的碎片中，不断呈现出诗人自身的精神世界与现实生活的互动，纷繁的思绪与生活的体验对应着当下生活的万千气象。

另外一种是对某一人生经历的描述，但不是客观的写实，而是诗人超乎常人的想象的感悟。比如"他摇摇晃晃来到这人间/来自土壤内部充满诱惑的秘密/黑暗和光，有平衡之美/他在春天爱过这人间/尽管需要多少浮生来补偿/朝生暮死，浮世循环/万物终究回归土壤/观星人看潮汐风水/造物主的恩宠，子宫和母体/这一切值得红尘春恋"（《当春乃发生》）；"当我们来到这个城市/才发现孟庄不止一处/母亲说起那年大雪/她的父亲挑着担子/牵着母亲从孟庄一直走到驻马店/走了整整一夜/她还记得村口有棵大槐树/现在我们站在驻马店的大街上/在风沙吹袭的大街上/像个异乡人一样寻找自己的故乡"（《在驻马店寻找孟庄》）等诗作。这些比较复杂的意义组合，可以使诗歌作品具有一种情感的磁性，让人感受到诗歌意境所能构成的内涵的张力。

应该说，采耳的这几首诗歌没有包含那种错综复杂的令人难懂的意义，有些看似晦涩的也只是诗人刻意的自然掩饰，目的是为了一种情感上的烘托。所以，当我们阅读这几首诗作时，感觉到内涵是丰富的，意义是明确的，情感是本真的。

另外，在这里还需要特别再提一下的是，采耳创作的诗歌作品是独特的，有个性的，有着诗的本体内省、结构方式、认知意识、经验图解等。

大家都知道，在这个世界上，没有哪一位能揭示一首诗的艺术构思的秘密。因为诗歌作为人的精神和灵魂最内在的语言形式，很难有规范的艺术构思，所以我们也只能为诗歌作品的艺术构思做出一个仁者见仁智者见智的剖析。在采耳创作的诗歌中，作品的艺术构思都集中在主题与情绪独特关系的处理上。采耳所追求的，不是故弄玄虚的理性认知，也不是毫无节制的情感宣泄，而是赋予诗歌的意蕴和感性，以及绵长的韵味和优美的情境。

因此，采耳创作的诗歌作品既有艺术构思的深刻与准确，又有丰富而奇特的想象力，语言的弹簧在拉开之后，依然有进一步伸展的空间。这样的作品，意蕴更浓郁，回味更无穷，因为诗人在艺术构思的处理上，保持了经验的准确性和想象力的独特性的平衡。

（原载《长江周刊》2016 年 8 月 24 日）

尘世中跋涉的情感依托

——从《勒阿短句》到《退着回到故乡》

诺布朗杰的诗歌《勒阿短句》以及蒋山演唱的由工人诗人唐以洪同名诗作改编的《退着回到故乡》这两件作品均抒发了作者对故乡的思念之情，唱出了这个时代无奈的故土情歌。这种抒情朴实、淳厚，也是最普通、最纯正、最实在的情感，是对故乡的深刻感念，也最能打动读者和听众的心。

出门在外，注定就要开始一场远离故土和灵魂之旅，在城市商业化和茫茫人海中找寻诗意的目标，诺布朗杰等诗人无疑是少数坚守缪斯的歌者，并依然保持一份纯真的诗心，尽管在这物欲横流的世俗商业世界里，他们还没有停止过实现美好人生的拼搏。

诺布朗杰的这首《勒阿短句》作品，借"那座山""那片森林""那片雾""那场大雨"等意象，抽象成思念故乡之情，别具一格，字里行间流露出作者质朴、真挚和结实的风格，对故乡的眷恋跃然纸上。第一二两小节，通过如果想看母亲和父亲，来掀动诗人的思念之情，这情感厚重而纯正。文字干净利落，瞬间把人带进那座大山、那片森林、那片迷雾以及那场大雨的联想，使人的思绪迅速驰骋在遥远的空间里。在这跨越空间的想象中，不能不让人感到心动。第三小节，是前面两小节的延伸和补充，如果想看我，就请读我的诗歌，故乡以及我都在"我的诗句"和"我的词语"里。淡淡的故乡之情与感怀在质朴的诗行中流淌，让人颇能感受到那故乡的温情，而且父母之情与故乡之梦已经成为支撑着诗人在尘世中跋涉的一种情感依托。

蒋山演唱的由工人诗人唐以洪同名诗作改编的《退着回到故乡》作品，则直面浓浓乡情的生命个体，尽管有时这种情感是脆弱的，但那种想退回故乡的心情却是那么的真挚。短暂的人生在外面的闯荡中不断消磨，生命的过客在面对浩荡的时间形态时，却又什么都不是，然而生存的意义却又在于知道自己的生活状态和最终归宿，并在这"退着回到故乡"中拾捡自己最重要的东西——那就是亲情！

对于在物欲横流和嘈杂喧嚣城市中生活的我们，今天品读并聆听这样的作品，让尘封的心突然得到了洗涤。而且，这两个作品有着传统意义上的现实主义风格，淳朴、厚实、稳健、接地气，并具有比较强的表现力与感染力。同时，在这里也体现了诗人驾驭诗意语言的能力。

（原载杭州广播电视台 2015 年 12 月 11 日《我们读诗》；《北海晚报》2016 年 9 月 1 日，第 16 版《红树林·闲情》）

内在视界与现实生活的透析

——简评熊国太诗集《持烛者》

离开江西在浙江温州某大学任教的熊国太，与傅菲、渭波、林莉、徐勇等诗人东西遥相呼应。他是这几位诗人中离开家乡最久的，但他的诗歌作品却离不开故乡的一草一木。《持烛者》这部诗集中收录的大部分诗作，都表现了家乡变革时期的灵山和信江以及他的第二、第三故乡的民情风貌等地域文化。在诗人眼里，信江是一条连接历史与现实、农村与城市的，代表地域文化的河流。在对这种文化进行审美观照时，熊国太同样关注着个体的命运和生存的努力，比如《五只白鹭》一诗："事实上，三天前/五个留守儿童溺亡在鱼塘里/他们在异乡打工的父母还没回到家乡/悲怆的哭声就先到了一步。"诗人在作品中的这种自觉的反省与呐喊，为变革时期的家乡留下了一条条痛苦的足迹，具有鲜明的时代烙印，折射出在快速发展过程中一些不容忽视的社会问题在不断加重。

与傅菲的天人合一的人生观与哲学观创作角度不同的是，熊国太更注重从内心与灵魂做反省式的深入挖掘的角度予以切入。因此，熊国太的诗歌作品，都有着不同的价值形态。在这些形态的审美焦点上，由表面外在客观的叙事性的描写转向内心世界与灵魂意识的表现。

诗来自生活，但不应该直接去复制生活，应该要经过诗人内心与灵魂的过滤与溶解并进行重新的建构。熊国太的诗歌作品努力向人的内心与灵魂做反省式的深入挖掘，折射过去和未来以及理想与现实的面影。比如他的《持烛者》一诗："大地已沉睡，天边归来的持烛者/你持烛的手成了光芒的支点/但一枚烛光踽踽穿行在黑色的走廊里/只能静静地映亮走廊的表面""而谁，早已捕捉到你微弱的光芒/流泪的光芒。我能够看见的/只是你的烛越来越短，夜越来越长。"此诗给读者传递出的是处于黑暗中的人对光明的期盼后，但"持烛者，当你归来是否有人说过/在光明泛滥的地方，黑暗也是一盏灯/这灯谁曾见过，是否又完整如初"？事物总是矛盾的，也总是二律背反的，总有无数的可能，亦有无数的不可能。诗人在这里深挖出丰富的内涵，光明与黑暗早就植入于人的内心，它已经完全是个人化的视角，烛光不再单纯为外在的物象，在诗歌作品中已转化为"照亮我曾丢失的岁月和思想"的心灵符号，而且隐喻和变形以及象征等写作技巧的运用，进一步强化了"持烛者"灵性四溢的意蕴视境和个体心理的直觉喷薄。又比如《配电房》一诗："当黑暗淹没眼帘之时，没有/光芒的火焰，寂静地通过两根黑色电线/抵达我们低矮的屋前/它们看上去就像两条蛇倒悬在屋檐下/我知道，我距离/郊外的那座配电房已不太远。""有很多年了，郊外的配电房/因为操纵光明依然坐落在寂寞的围拢中/在它向北的墙上，那/一只只闪烁的指示灯，仿佛一双双怒睁的/眼睛；那一排排沉寂的电表/也说不清楚自己浪费了多少光芒"等。这些作品的字里行间无不透溢着诗人对光明的一种期待、一种渴望、一种憧憬，而且这些诗歌都已超越了写作技巧上的艺术想象的界限，转化并升华为诗人灵魂的思想闪烁，是对现实生活中的一种独特的艺术感受与诗意发现。

熊国太以诗的方式把握世界与探索人生，透析内在的视界与现实的生活，宣泄灵魂隐秘的超越，力图达到独立思考与重新建构的和谐统一。同时，在诗歌意蕴的传达中，诗人以切合创作实际需要的表现手法和思维模式，努力摸寻并创新诗歌艺术的范式，并获得具有自我意识的独特的审美价值。

（原载《南昌晚报》2016 年 10 月 15 日，第 13 版《品读》，《泰州晚报》2016 年 11 月 20 日，第 12 版《读书》）

主观与客观的和谐统一

——简论郑平诗集《冰河》的意境之美

我与诗人郑平素昧平生，今天阅读著名图书品牌"中国诗文金点"编辑部转来的他的电子版诗集《冰河》，算是在电脑屏幕上初识君。这部诗集收录了他自 1985 年以来各个时期创作的部分诗歌共一百余首，跨越的年份比较大，有三十年。人生有几个三十年，这种对诗歌孜孜不倦的追求与坚持，特别是他每天忙于公务还要挤时间写作，是值得我们心生敬意的。

读完这部诗集，给人整体印象是，具有一定的社会内容，有比较深刻的内涵，从一个侧面反映了一部分社会现实。应该说，他的这些诗歌作品还是比较重视个人内在的修养，力图把现实生活与内心自觉结合在一起。单从诗歌创作技巧上来看，诗人郑平比较注重意境。因此，我想主要围绕这部作品的诗歌意境来谈谈自己的一些认识。

我们在文学艺术的创作中，无论是诗歌创作还是散文创作，无论是影视创作还是美术创作，都必须讲究意境，都必须以其有意境美为上乘。特别是对于诗歌艺术的创作，意境美是诗歌艺术美的重要组成部分之一。诗人于沙说："在作品中，营造清新的、优美的、深远的意境，便成为诗人的基本功。"

什么是意境？所谓意境，顾名思义，即意中之境，心画心声；本是创作者借助作品形象传达出的意蕴和境界，在此借用指具有"典型"意义的、最感人至深的、充分表达创作者主观意识的形象或场景。这就是我们通常被感触打动，就是所说的"有意境"。另外，据其他资料显示，意境是指抒情性作品中呈现的那种情景交融、虚实相生、活跃着生命律动的韵味无穷的诗意空间。如果典型是以单个形象而论的话，意境则是由若干形象构成的形象体系，是以整体形象出现的文学形象的高级形态。文艺理论界对"境界"说的阐述虽然众说纷纭，为轩为轻，但有一个地方却出人意外，这就是绝大多数评论者都把"境界"和"意境"等同起来。称为"文学形象""作品中的世界"。这种看法无疑是片面的。"境界"一词作为一般习惯用法，如云"境界有二，有诗人之境界，有常人之境界"，此所谓境界，便当是泛指作品中的一种抽象界域而言者。又如云"古今之成大事业、大学问者，必经过三种之境界"，此所谓境界，便当是指修养造诣之各种不同的阶段而言者。又如云"'明月照积雪''大江日夜流''中天悬明月''黄河落日圆'，此种境界，可谓千古壮观"，此处之所谓境界便当是指作者所描写的景物而言者。《辞海》里对意境是这样阐释的："文艺作品中，所描绘的生活图景和表现的思想感情融合一致而形成的一种艺术境界。"

　　什么又是意境的美感呢？所谓意境的美感，实际上包含了一种人生感、历史感。正因为如此，它往往使人感到一种惆怅，忽忽若有所失，就像长久居留在外的旅客思念自己的家乡那样一种心境。这种美感，也就是尼采说的那种"形而上的慰藉"。记得康德曾经说过："有一种美的东西，人们接触到它的时候，往往感到一种惆怅。"

　　那什么是诗歌的意境呢？简单点来说，所谓诗歌的意境，就是创作诗歌的环境。可以是写作时的场景，也可以是回忆，也可以是心中所想，实际却达不到的场景。诗歌的意境是诗人的心境和感受，是诗人的主观情思与客观景物相交融而创造出来的浑然一体的艺术境界。著名诗人艾青对意境的阐释有一句这样的话："意境是诗人对于情景的感兴；是诗人的心与客观世界的契合。"诗歌评论家吕进对意境则又是这样阐释的，他说道："意境是有声音的情景交融的画面。"比如诗人郑平在这部诗集中的《冰河》一诗这样写道："用整个北方杀伤河流/你所触摸的血液临界/是残忍的。假如/掌握这种节奏/在缄默表面，你是下面的鱼/潜流穿过腹体/返回本真的家园/巨大的鳞片，摩擦着更大的鳞片/北方啊，你能承受/这温柔无比的切割/另一种日光的缓缓移动//抑或，更深的刀剖开边缘/让心脏冻结/水质的时空倏忽凝滞/你，水草中鱼的化石/一万年……二万年……/浮冰骤然撞击/也会迸发出炽烈的火星。"这首诗歌的意境美感，就是诗人的诗性感悟。而这种感悟，带给我们的就是一种精神的本真。这种精神的本真也是一种诗意和美感。也带给人一种愉悦和满足。在这种美感中，包含了对于整个人生的某种体验和感受，所以我们可以说，这是一种最高的美感。

其实，意境就是意与境的融汇与连缀。上面所说的"情""思想感情"，都是"意"；"景""生活图景"，则都是"境"。意，是主观部分，是创作诗歌作品的目的；境，则是客观部分，是表达目的的手段。境，也就是"形"。说到底，所谓意境，也就是常说的"情景交融"。意，也就是"神"。说到底，所谓意境，也就是"形神兼备"。一首诗歌作品，只要是做到了情景交融或者形神兼备，也就具有了意境美。比如这部诗集中的《老怀表》一诗："老怀表的反面/是一只狰狞的鹰隼/它早已停止了飞动/而老怀表，仍在从容踱步/嗒、嗒、嗒……阴险而有力度/现在，我得把它放置在心脏的部位/它的心跳，正好与我的相同//在秒针上奔来奔去的人们/都是精确的。
这使我想起/远古计时的沙器/时光流走了/沙子依然存在。这些
沙子/将重新湮没历史，直至/以静穆的气度/渐渐消磨我的斗志//
黎明，我用优雅的手指/开启表壳。我沉湎于/这一片甜蜜的流水
之中/我不能用这根链条/锁住它的咽喉。"在这首诗歌作品里，
我们不难看出，诗歌作品中的"意"，是在写诗人对老怀表的
感悟之情。但是，诗人在这里不做正面描写，而是用旁笔，透
溢出诗人对人生的感悟，也就是着意造"境"。以"境"寓
"意"，"意"从"境"生。

　　有理论这样描述道："意境的构成是以空间境象为基础
的，是通过对境象的把握与经营得以达到'情与景汇，意与象
通'的，这一点不但是创作的依据，同时也是欣赏的依据。"
"意境的最终构成，是由创作和欣赏两个方面的结合才得以实
现的。创作是将无限表现为有限，百里之势浓缩于咫尺之间；
而欣赏是从有限窥视到无限，于咫尺间体味到百里之势。"比
如这部诗集中的《燃烧的雪粒》一诗："寒流穿越江淮平原/迅
捷间包围了我的小城/我关闭了门户，生起火炉/仿佛，与整个世
界断了音讯//就这样，我默守着/我无从封锁/另一支寒流的线路//
一种天国的声音突然莅临/哦，那是我久违的雪粒不期而至/他叩
击着我的瓦片/发出微妙的音乐之声/而后从瓦隙间滑落/倏忽消
融于我的掌心//我熄灭了暖炉/此刻，雪粒是燃烧的火焰/这些天
使的先驱者/小小灵魂飞飏着美德和真诚//我打开窗户/打开所有
封闭的线路/像一叶赤裸的瓦片/与雪粒，作一次纯明的交融。"
在这首诗歌作品里，诗人将"流穿越江淮平原"的这个
"意"，寓于"久违的雪粒叩击着我的瓦片"这个"境"（即
景，也就是生活场景）之中。这里的"境"，就是诗句里描写
到的"雪粒"。对"雪粒"这个词，便有了具体生动的了解。

因为意与境相融，便生出一种美来，这美，就是意境美。

其实，意境美在的结构特征上是虚实相生的。意境由两部分组成：一部分实写，我们称之为"实境"；另一部分是虚写，我们称之为"虚境"。比如这部诗集中的《浩溪，守护羊群的女孩》一诗："在她惊悸的眸里/我们的闯入/是一种粗暴/是啊……这是她的神域/桑，溪流，温柔羊群/不纯洁的人啊，你休得进//从没走出过大山的女孩/一群城市的蚂蚁经过/巨大得，就要掳走她的羔羊/浩溪静如处子/而一滴更真实的泪水/足以照见我们的丑陋//随便想想/在丽水的天空下/我们所掠过的山脉河流/仿佛只是一种陪衬/而在女孩的怀里/你的心，银子的心/是换不走一只羔羊的。"这首诗歌作品就是实写与虚写，着重于记录与感悟，"她惊悸的眸里/我们的闯入/是一种粗暴"，犹如就在眼前一样，记录我们闯入女孩守护羊群的领地的当时场景。所以，有记录，便有图像；有图像，便有了可看的；诗人在这里为我们读者提供了可看和可感的，便满足了我们读者近观和感悟的需要。

当然，我们在创作的时候不能单独实写或者虚写，实写和虚写都不可以多，多了，作品便死了，便板了，便死板了，因此，应该在实写的基础上，要虚写，虚实要相结合。又比如："山脉渐渐的升高/在你的瞳仁里/残留的些许烛火跳跃着/最后的温柔，藏在冬日枝桠的雀巢里//弥珍的血液，就这么挥霍着/那些阴沉的树木/愈走愈远的砍柴人/浑然不知，时光霍霍的刀锋/从身上掠过//而耳朵估测不到的远处/跋涉之后的驿站/迟暮的老人，新生的婴儿/正在娓娓交谈"（《落日》）；"我看见一片白/仿佛雪的一个侧影/些微的冷风擦过/而让人感到微微颤栗//在林间松脂的气味里/没有一个人/暮色里浅浅的涧流/让我分不清/石头与时间/还有月色"（《月下》）；"这个城市已连阴四天/

好像刻意在隐瞒什么//湿润的睫毛/被冷风吹到脸上//鸟越飞越小/
悬在空中，灰暗而沮丧//谁来过又走了/去往幽深的隧道。"
（《初秋》）这三首诗歌作品是"见于言外"的较虚的部分，
尽管也有实写的部分，但这首诗歌作品着重的是虚写。虚写，
着重于提炼，提炼出情思。有情思，便为读者提供了可想的空
间，也就有了意境。虚写是实写的升华，体现着实写创造的意
向和目的，体现着整个意境的艺术品位和审美效果，制约着实
写的创造和描写，处于意境结构中的灵魂、统帅地位。

　　但是，虚写不能凭空产生，它必须以实写为载体，落实到
实写的具体描绘上。而虚写又必须通过实写来表现，实写必须
在虚写的统摄下来加工，这就是虚实相生的意境的结构原理。
比如："门前的两棵香樟树/一百年来，聆听着/钟楼传来的恢弘
之音/年轮随着声波/向四周漫延//而禅机/就在这第一声与第二声
之间/似远，似近/由此可丈量/夜与黎明的距离//又一个清晨/香火
复点燃，经诵声声/当年的智者大师/安坐塔中/念珠犹在转动"
（《晨钟》）；"没有人想起来/看看/梅树上面，点点绿叶的繁
殖//只是有谁，偶然遇见/圆润的梅子寂然落在青石板上/青灰色
的衣衫/幽幽走近。拾起/没有一句话地走出院门//寺里还有一种
时光/比梅还要消瘦。"（《国清寺的梅》）这两首诗歌作品在
写作上是有实有虚，忽实忽虚，虚实结合，以实为主，目的就
是为了最大限度地展现时空境象而采取的一种诗歌创作的表现
手法。这种诗歌创作的手法一方面使诗人在意境构成上获得了
充分的主动权，打破了特定时空中客观物象的局限；另一方面
也给我们读者提供了广阔的艺术想象的空间，使诗歌作品中的
有限的空间和形象蕴含着无限的大千世界和丰富的思想内容。
又比如这部诗集中的两首《记忆》诗作则完全是虚写："只须
推开这扇木窗/就推走了昨夜//弥散着些许甜味的光/连同雾气涌

进来/倾刻浸润了惺忪的睫毛/这时/你只须婴儿般的吮吸//一只飞鸟掠过/又折回来/一声纤细的鸣叫/让我第一次知道/自己的名字"；"在一个老友的信中/复活一座/土砌的乡村小学/废弃的窑洞里/蟋蟀的鸣叫//鞋子东一只西一只/青草从脚印里长出/在泥土中可以听见/蚯蚓断成两截的音乐//无须辨认荒无人迹的路/沿着水流方向/寻找玉米地/到了黑夜/一只萤火虫在空中飞舞/带着毛绒绒的火焰。"在这两首诗歌作品里，采用了比喻、暗喻、隐喻、拟人等多种修辞手法进行意境的创造，使诗人对自己的记忆形象化和抽象化了。也就是说，只有把主观的意融于客观的境之中，意境才会浮出水面，荡漾出惬意的美感来。

由于"意境的本质特征是生命律动，即展示生命本身的美"。所以，"在我们的审美心理结构中，是把宇宙境界与艺术意境视为浑然一体的同构关系。由于宇宙本身就是一种生命形式，诗人对宇宙境界的体验就是一种生命律动的体验，而意境恰恰就是这种生命律动的表现。人心虽小，但可以装得下整个宇宙。诗人之心，本身就是宇宙的创化，他可以映射宇宙的诗心、宇宙的灵气。因此我们说，文学艺术意境本质上是一种心理现象，一种人类心灵的生命律动。文学艺术意境作为一种人类心灵的生命律动，一是表真挚之情；二是状飞动之趣；三是传万物之灵趣"。

下面，让我们再来读一读这部诗集中的《怀化火车站》一诗："用了一个下午的时间/拉杆箱在奔跑，奔出凤凰县/沾满了湘西的土屑/此刻，静静堆放在/怀化的候车室/怀化，就像一条脐带/粘帖着四川、云贵、两广和湖北/他们行色匆匆，硕大的编织袋/已褪去了生活的华彩/在提前的寒冬里，蜷缩着身体/得以片刻的喘息//在他们茫然的目光里/我们，就像一群闲得发慌的老鼠/所谓旅行，所谓沿途的风景/以及看风景的心情/全都是装模作样//一声汽笛，人声鼎沸/在巨大的人流里/我们，与他们溶为一体。"这首诗歌作品的手法与上面讨论的《老怀表》一诗相近，即重在造"境"，让"境"隐释"意"，"意"在"境"中流。这样，意境全出，我们读者也因此身临其"境"而得"意"。又比如："像参道的老僧，端坐着/一千三百年的天机/隐在枯竭的枝蔓间//开花，且不结果/香火熏黑的慢生活。江山依旧/经年的院落香气依旧/目睹一场庄严的法事/目睹春风重来。打开雕花的木窗格/悉数吐出花蕊/在月光下小心地打开自己/并动用千年前的修辞/填满每一页的新绿"（《开元寺的桑树》）；"漫长的公路/就象漫长的，马帮和女人的故事/牦牛在啃啮贫瘠的山坡/真象我们，啃着瓜籽/啃着这漫长乏味的旅程//运往波斯国的茶叶和瓷器/饱经战乱的马匹，夕阳下/凄厉的嘶鸣/昔日繁华的驿站，飘香的酒肆/风情万种的/哈尼族女掌柜/于彩云之南，到川藏以北/风雨浸蚀的马骨/以及，半截露出尘土的牛皮水袋一切栩栩如生"（《茶马古道》）等。

从诗人郑平的这部诗集《冰河》中我们可以感受到，意境理论在审美意识上具备了二重结构：一是客观事物的再现，二是主观精神的表现，而二者的有机联系则构成了这首诗歌作品的意境美。为此，在这里所强调的意境，既不是客观物象的简单描写，也不是主观意念的随意拼合，而是主观和客观世界的有机统一，是诗人通过"外师造化，中得心源"，在自然美、生活美和诗意美三方面所取得的高度和谐的体现。

（原载《南昌晚报》2016 年 11 月 12 日，第 14 版《品读》）

纯真的诗心在永远跳动

——评公安诗人万箭飞遗作《雷雨》

2011年1月3日凌晨3点，时间被定格了……

惊闻江西省作家协会会员、南昌市作家协会理事、南昌市诗歌学会常务理事，知名公安诗人万箭飞先生因病不幸逝世，终年52岁。1月5日，箭飞兄的遗体告别式在南昌隆重举行，省、市作家协会和诗歌学会敬献了花圈。箭飞兄的亲属、各界领导和好友200余人参加了遗体告别式。

告别箭飞兄的遗体之后，在著名诗人徐良平先生召集下，杨建葆、欧阳滋生、陈正云、颜溶、邓涛、徐小荣、王治川、徐建新、李思忠、老德、牧斯、余舟等本土诗人自发成立箭飞遗稿编撰工作委员会，拟将箭飞兄的部分遗稿搜集整理，并于近期结集出版。这是件功德无量的事，也是对箭飞兄在天之灵一个极大的慰藉。

前些日子，接徐良平先生电话，说箭飞兄的遗稿已经整理完毕，即将交付出版社排版编辑，但还差一篇对箭飞兄遗作的评论文章，希望我能写一篇。接此任务，这既是大家对我的信任，也是大家对我的厚爱！

（一）

　　虽然我与箭飞兄并无深交，他年长我许多，但知道万箭飞这个名字已经许多年了，而且早已深刻在我的脑海中。他是南昌的一名警察，是公安系统的才子。经常在《人民日报》《法制日报》《人民公安报》《啄木鸟》《百花洲》《广西文学》《热风》《星星》《诗歌报》《萌芽》等报纸杂志上读到他的诗歌，为其真挚、平实和朴素所感动，也为真挚中所蕴含的丰富、平实的背后隐藏的诗意、朴素里所生发的冲击力而庆幸，并让我的心灵感到些许的震撼。他的诗歌作品《跋者的心声》曾获 1983 年首届南昌市青年诗歌大赛一等奖，《中国路——畅想曲》曾获"桑海杯"91'全国散文、诗歌大奖赛一等奖，《三峡交响曲》曾获"东坡杯"98'全国散文、诗歌大奖赛一等奖等。

　　《雷雨》这部遗作收入了箭飞兄生前编就的部分现代诗歌作品以及少量散见于报纸杂志的古体诗歌作品。这些诗歌作品生动地再现了当时社会生活的各个方面，或抒怀，或纪事，或览胜，或怀旧，或说人生，或论是非，等等。这些诗歌作品有着沉甸甸的思想内容，也有着箭飞兄在艺术上的执着追求。

　　箭飞兄的这些诗歌作品，并没有过分的故弄玄虚、晦涩高蹈，也没有像遭遇传染病一样去随波逐流，甚至没有过多去运用象征和隐喻等一些诗歌技巧，更没有解构和拼贴狂欢，以及反讽式的互文性写作等。他的这些诗歌作品，既不现代，也不后现代，他是重新从诗歌作品中找回深度情感，写得通俗晓畅，却又节制收敛，冷静而又客观地直面现实的独特诗人。

　　箭飞兄的诗歌作品描写结构和描写倾向都是积极的，这种积极有两层含义，一是在技术层面上，描写范围广泛，自然与人文相得益彰；描写节奏弛张有度，动如兔静如处子，语义的跳跃感比较强；描写手段多样化，具象画面和生动议论水乳交融。在这个层面上，我们可以领略到声、光、色俱佳的综合效果，念、唱、做、打，热闹异常，武器种类和火力配备得相当，这在审美接受上比那种片面的描写结构自然优越得多，使人丝毫不感到阻隔或疲劳。

箭飞兄的诗歌作品描写对象的选择和描写过程本身都带有浓厚的趋美性，它的精神向度和理想光彩相统一，都带有生命颂歌的特征，因为他所注重的是生命和生活另一侧面，在这个侧面箭飞兄所获得的表现深度是令人欣喜的，由此构成了箭飞兄诗歌创作的艺术品位和社会保证。

（二）

箭飞兄热爱乡土，热爱自己的故乡，就像生命中唯一爱恋的姑娘，无论走得多么遥远，一到寂静的时候，总是能把他的心拽回家乡的村庄。因为他深深地爱着那里勤劳、勇敢、朴实的人们，正是这些可贵的情怀，才铸就了箭飞兄的诗品和诗心：

"我只想把这青春的田埂/编成一个个花环/挂在农民兄弟的颈项/我只想把这五线谱的符号/谱成最美的曲子/献给我/无数的农民兄弟。"（《乡村的田埂》）

"我总会把古树在夏日的荫凉/和姥姥蒲扇下的清风比较/我总会把雨天古树的华盖/和姥姥撑开在我头顶的蓝天联系/我总会把挺立的温柔的古树/和姥姥坚强善良的人性融为一炉/当姥姥的银丝随着白鹤西去/我才开始思念古树/想起古树上一个个树洞/

想起姥姥望断天涯的慈目/想起古树的嶙峋的枝丫/想起姥姥不凡的风骨。"（《村口》）

这几首诗歌作品读来朴实、坦诚，毫无矫揉造作，这简单却又真诚的话语就好像箭飞兄的人一样坦诚，极朴实中透出隽永的味道，一种乡音乡情的韵味，常常几句看似超平淡的话语却藏了深刻含蓄的情感。当然，这也只有有心的人才能品出这样的味道来。

又如："那青葱的小白菜/那翠绿的豆瓣/唐诗一样茁壮的冬韭/宋词般灿烂的罗卜英/菜园古扑的蓠笆门/门后古老残缺的磨盘……/记忆中的菜园/是母亲粗砺的手中一只/古代的盛满百味的餐盘。"（《老家的菜园》）

"鸟儿站在牛背上观看/蜻蜓在草丛中舞蹈/一声声茁壮的犬吠/惊动了树上的黄雀/总在微风中摇曳/抚摸春光飞絮雨露/滋生一支童年的歌谣。"（《狗尾巴草》）

这几首诗歌作品是一个赤子对他那温热故土亲切的爱抚，是一位具有淳朴诗心的诗人面向故乡所唱出的不雕琢却浑厚自然的恋歌。怀想家乡亲切的阳光，闪烁着迷茫的光，爱抚和温存着万物。家乡那熟稔的故土，犹如敞开了天空般广阔的胸怀，惠泽着箭飞兄惬意的心情。

箭飞兄注意描绘了广阔的五彩缤纷的社会生活，尤其是 20 世纪 70 年代末期，改革开放的春风雨露，沐浴着祖国大地的每个角落。这几十年以来，箭飞兄深切地感受到了祖国改革开放对其个人、家庭、社会以及中国气象事业带来的累累硕果。因此，对改革开放带来的巨大变化，箭飞兄更是激情满怀，放声讴歌。请听：

"飞越苍天的姿态/横贯秋水的气势/在桥梁工地上你可以/进一步领会长虹的含义/你会感到一种钢铁的硬度/随着奔腾的江

水/深入到我们的生命里/我们总在十字路口徘徊/我们总在喟叹难行的生活/来到桥梁工地吧/看看那真正无路可走的一派江水上面/桥梁工人是怎样把路/复沓着江水汗浆铺展到天空/铺展在一江两岸的肩头。"（《写在桥梁工地》）

"改革，开放龙腾虎跃/中国在世界的东方崛起/多哈的槌声/敲开了中国大步流星入世的大门/入世把所有腐朽的观念/都扔进太平洋/全世界的先进文明/和中国所有的优良传统/水乳交融/中国势不可挡地走向世界/去迎接每个朝阳东升的日子。"（《中国正式入世》）

这样的诗歌还比较适宜于朗诵，诗歌句子的音律起伏和语义深浅跌宕好像是裁剪得体的衣服，非常适合在大庭广众或者广场上走动，这无疑恢复了诗歌本质所天生具有的那种永恒不变的传统。

又如："一种来看春天的力量/带着鲜活的雨露晨阳/滋润着我们古老而朴实的土壤/饱含着春光秋色的百花/沿着滕王阁的肩胛/秋水、落霞、两段著名的诗行/开始走向南昌的大街小巷/南昌正以雄奇的步伐走上花期/走向一朵牡丹的内核和形状。"（《走向花期的——南昌》）

"八一公园南昌的诗眼/那一声嘹亮的枪声为她命名/浓密的花木是她的睫毛/……/每当我幸福的在这里散步/撷取优美的诗句/老人的微笑孩儿的笑声/代表我美好的心情/我热爱这里的每一片绿叶/热爱这里的每一串鸟鸣/八一公园这个诗眼/使南昌这首绿色的诗篇更有神。"（《南昌八一公园》）

这些用感情渗透的诗歌句子，就像风铃一样清脆悦耳，使人精神振奋，不由地焕发出对生活的热爱，对美好明天的向往。

另外，值得称道的是，箭飞兄还善于捕捉那些富有生活气息的细节，提炼出生活的意义、哲理和情趣：

"一闪一闪的光芒/追求黎明的信号/它是诗人的第三只眼睛/诗人需要这只眼睛/去穿透无边的黑暗/和深入骨髓的严寒//黑暗，压迫而来/红烛，流泪满面/烟卷，即将耗尽。"（《烛》）

"在出处高贵的水中/我看到你在山林漫步/在桃花源填词/你翕动的双唇/分明在嘲笑陆地上/被青蚨束缚的虫豸。"（《蚌》）

"在荒草凄美的季节/在逆风怒吼的冬天/白鹤在一种生命的高度上歌唱/在一种崇高的境界入定/每当白鹤高蹈在迷人的天空/我读懂了生命最珍贵的本质。"（《白鹤》）

这些的诗歌作品言简意赅，情趣盎然，耐人寻味，有一种纯净的质感，清朗的词句与韵律使情思与形式构成流畅透明的晶体。也是由于这种成功，使他和那些大而不当的、概念化的说教性词句完全区别开来。

而且箭飞兄对诗歌作品创作的把握是细致入微的。比如：

"须仰视才能发现/雁阵是一件生动的犁铧/在高藐的秋天/耕耘//犁开铅云的荒草/复沓电光疾云/怀着一个春天的旧梦/去实践和一派获芦的誓言//……每当雁阵的方队/莅临我的上空/有一支曲子拨地而起去迎遐/有一件闪亮的犁铧/在心中开垦。"（《雁阵》）

"一块平凡的布匹/装上高耸的桅杆/成为了丰满的生命/在风的世界中闯荡/追求着风流惊险浪漫/把狂风作为烈酒畅饮/把恶浪当作可口的佐餐/纵览满天的风霞/把一条水路拓展得辽阔/把一生的希冀嫁给风暴/让风流在周身亲吻/把全部的热情交付于雷电/让雷电强化每一根神经/在没有风的港湾/你才卸下戎装成为厚实的诗卷/帆在一个个漩涡中疾进/在一个个惊涛中抻着险韵/帆就是一个最圆满的广告呵/她那昂扬的英姿/总在我的梦中招

展。"（《帆》）

王国维说："一切景语皆情语。"诗歌作品的灵气在于
"字短情长"，字里行间总留有启人联想开人悟性的"空
白"，情托景，景引情，情景相生，情在词外。箭飞兄的这些
诗歌作品的语言淡出，其情蕴藉，充分表现了生活中的诗意
美，诗意中的生活美。

又如："夏天的花蕾，盛开的时候/那朵名叫太阳伞的名词/
就在都市的大街，路口呈现/这是一个生动词汇/优美的走进劳动
的诗篇//……//我只想用深厚的感情/抽象来这把朴素的太阳伞/让
它盛开在我生命的四季/让我的歌声在伞的怀抱里/不断生长出对
明天眷恋。"（《夏天交通民警的伞》）

"贯穿中国革命的扁担/早已在我的课本中生根/在郁郁葱葱
的井冈山/不难发现它的外延内涵/朱总司令曾经用它挑粮/登上
这座著名的大山//……//一头担着民族的希望/一头挑着历史的责
任/伴随着坚定的步伐/翻越中国的万水千山/朱德的扁担一个硕
大的"——"号/指导着我们正确前进。"（《朱德的扁担》）

阅读这样的诗歌作品，让我想到"技巧是对真诚的考验"
这样的话，也感到诗歌中最动人的地方，就是真情实感的袒
露，以及那种润物细无声的默默地浸润和心灵细微处的波折。

（三）

在箭飞兄的遗作中，还有一小部分是古体诗歌作品，以五
言诗为主。

《诗序》云："诗者，志之所之也，在心为志，发言为
诗，情动于中而形于言，言之不足，故嗟叹之；嗟叹之不足，
故咏歌之；咏歌之不足，辄手之舞之，足之蹈之也，情发于

声，声成文谓之音。"

从这里我们可以看出，诗歌起源于人的生理和心理作用，是感情的自然流露，是作者心声的反映。所以，写诗必须有自己的真情实感，切忌无病呻吟，这是大家必须明白的道理。但箭飞兄的这些古体诗均为融情于景或托物寓情，有着真情实感。比如他的《文峰塔》一诗："雄峙潦河畔，文峰自超然。鄱湖风烟绕，西山雨缠绵。百年奇文在，千载丽韵还。豫章遗佳句，百读不生厌。"

孔子曰："诗，可以兴，可以观，可以群，可以怨。"作者可以"兴、观、群、怨"来抒发自己的思想感情，使写出的古体诗歌作品有血、有肉、有情、有景，能令人为之振奋，为之共鸣，咏歌之不足，辄手之舞之，足之蹈之。

比如箭飞兄的《伍毓瑞》一诗："东瀛救国梦，金陵擎战旗。拯世湖口日，南浔恶战时。云贵蹈汤火，夜阑赞戎机。至今沙壁水。犹唱春旖旎。"该诗歌作品读后令人振奋。

又如箭飞兄在《刘和珍》一诗中这样写道："早年师葆灵，豫章露才颖。巾帼担义理，慷慨上燕京。国贼卖汉鼎，壮士易水行。碧血耀青史，中华留英明。"这首诗歌作品写出了当时人民的共同心声，能引起社会的强烈共鸣。

在古体诗歌作品中，我们提倡使用新口语、新词汇，当然并非不能用典故或者成语。我国纵横九百六十万平方公里，上下五千年的文化，积累了极其丰富的成语和典故。在古体诗歌作品中适当运用一些典故或者成语，更能增强古体诗歌作品的魅力。

比如箭飞兄的《曹秀先》一诗："谁人大手笔，圣曰曹秀先。四库担膺任，三杰并称贤。雄文欺子固，俪词比稼轩。清望满洪洲，云绕梅岭巅。"此诗意义深远，韵味无穷，是用典故的典型，充分发挥了古体诗歌作品篇幅小、容量大的特点。

但是，当今诗坛上有不少古体诗歌作品，"古色古香"，难读难懂。有的作者故弄玄虚，用典越旧越好，用词越古越好，似乎决心要让读者看不懂，才显示出自己学问的渊博，古文功底的深厚。

所以，力求通俗易懂是箭飞兄古体诗歌作品创作的一个重要方面，所谓通俗，就是要浅显平易，清新明快，使人易读易懂，又富有韵味。

比如箭飞兄的《古村寻幽》一诗："一拂尘嚣去，古村自安宁。春萌喧鸟闹，秋动野豕横。身抱潦河水，屐踏西山岭。桃源洪州畔，何必柴桑行。"此首古体诗歌作品简洁明了，通俗易懂。

其实，通俗的风格，古已形成，白居易就是这种风格的典范。他的《古草原》："离离原上草，一岁一枯荣。野火烧不尽，春风吹又生……"明白如话，却又深富哲理，直到今天人们还在引用。他的《长恨歌》凡六十韵只用一个典故，通篇都是口语，浅显易懂，已经成为千古绝唱。

又如箭飞兄的《白虎岭》一诗："久仰白虎岭，今日山中逢。野鸟行无状，松涛入耳频。平畴达三江，山溪绿五津。白虎今安在，黄马春潮奔。"这首古体诗歌作品形象生动，韵味醇厚。

以上这几首古体诗歌作品都有个共同的特点，那就是"词句清新，真情洋溢；格律严谨，诗意盎然"。这些古体诗歌作品全部都是口语化，可以说是通俗易懂的典型。

诗忌浅直，提倡含蓄，这没有什么不对。但我们要反对那些为了含蓄而故弄玄虚地使用那些早已过时，甚至连乡村老学究都不肯再用的陈词滥调，非弄得人人看不懂方罢的作品，

"人家越读不懂，他们越高兴，越觉得自己高明。虽然我们已经跨入了二十一世纪，却拼命地去追求马王堆里的古老文明。"其实，只要是真正的好诗，是不会泯失于为了含蓄而故弄玄虚的。

纵观古今，凡是流传最为广泛的好诗歌作品，都是极为接近民众思想和口语者居多，可读性极强，且多为警人之句，朗朗上口，一读就熟，有过目难忘的特点。而且言简意赅，一点就透。既能警人之情，激人之志，又能发人深思，解人之忧。

人们需要和喜爱诗歌，箭飞兄的这些诗歌作品，无论是现代诗，还是古体诗，都通俗易懂，朴实纯真，清新明朗，素雅自然，不遮掩，不闪烁，不刻意求工，肺腑毕见。这是一种艺术美的追求，而且是源于淳朴诗心的一种醇化。

（四）

读箭飞兄的这些诗歌作品，如同听一个敞开心灵的朋友向你倾诉，那种真挚而且没有遮掩的坦诚让人动容。他的诗歌作品没有大话、空话、疯话的诉说，平实而又痛切。另外，箭飞兄的诗歌精神是值得让人学习的，他不复杂但也不失其丰富，在这个相对主义和怀疑心理比较弥漫的社会氛围中，它显得清纯而潇洒，这点难能可贵，因为并不是所有的诗人都具备这种专注的心境。

在"整体被解散""语言杂多、众声喧哗"（巴赫金语）的今天，事物的界线动摇，一切都显得混沌和暧昧、显得浮躁而粗俗，到处都有眉眼不清之物，纯洁已经消失。正是在这种心理背景和文化背景下，那种精神的宁静而有力的坚持就显得非常可贵，似乎已经自动上升为诗意，上升为抵达深度的力量，这已经是一种操守和信仰。

箭飞兄不是专业从事诗歌或者文学创作的诗人、作家，他只是在本职工作之余辛勤笔耕，默默地为读者做着无私的奉献，所以，大家定会记住他！虽然箭飞兄已经离我们远去，但我们依然能从他的这些遗作中感受一颗纯真的诗心在永远地跳动着！

最后，我想用惊闻箭飞兄仙逝时临屏而作的挽诗《口占七绝：箭飞兄千古》结束这篇评论文章：

> 警界诗人豪气风，
> 文坛哀悼箭飞兄。
> 缘何撒手人寰去，
> 怅望枫林带泪红。

（原载《剑胆琴心谱华章：中国公安诗歌评论集》，中国文史出版社 2017 年版）

在诗歌里构筑世界

——七夜的诗歌写作

诗人是自我世界的"创造者"。当小说、散文、戏剧等文学体裁在不断再现这个世界时，却总会遇到有一种情感你是无法表达的，这时诗歌的"创造者"会向读者敞开他们构筑的这个情感世界。这就是我今天阅读七夜诗歌作品时的一个感受。

当然，问题是如何理解诗人在作品中构筑的这个世界。当诗人想要竭力表达自己的那份情感并告诉读者什么是真实时，你会发现他们用的是一种诗性的语言让你们不断去意会。七夜便是如此。也就是说，诗人在诗歌作品里所构筑的这个世界，自始至终都是一种诗性语言的创造，是以诗歌的方式对现实进行言说和表达。因此，他的诗歌创作不是以照搬生活的方式去再现这个世界，相反，他是以提炼生活的方式去创造一个世界。虽然，诗歌作品里的世界本身构成了它自身的现实，但你在诗歌里构筑的世界是什么样的，那作品呈现给读者的感受就是什么样的。

七夜的这些诗作不仅切入到现实生活存在的一些问题之中，而且还通过提炼生活的方式构筑了一个诗人与读者可以自由出入的世界。比如："父亲在黄昏睡下，凌晨/就到了地里，母亲跟在他后面，/跟在母亲后面的是太阳，/这样耕种了一辈子。"（《还乡》）"我在这些蚀刻出来的脸里/找自己的那一张，有天也会这样/不可避免的时间僵在皱纹里，/你数出来的都是我丢掉的/并且后悔不及，到那时也很痛心。"（《午后的时光》）"这个国家都是发疯到正常的人，/汤汤的鬼，还有一颗珍贵的心；/然后被掏空了，教授们/抓住每根木偶的线，摆弄他们的理论，/不知道自己爱什么，只担心失去/目前固定的生活，地位，且并不/介意日复一日成了一个空壳。"（《秋天的童话》）"理解一个人有多困难，/就像阳光从高窗上漏下来/被窗帘过滤了一半，/照着我，没有户外的阳光温暖。"（《高窗》）"你记忆中的水道都不见了，/桑树林一如既往地茂盛/可养蚕人几乎难觅，/缫丝厂空在那里，杂草丛生。"（《东船料的永恒阳光》）"安蒂，我醒来仍在唱歌，/不平凡的人在这里都平凡到底；/夜里我继续喝酒，做梦，/想到黄仲则，他苦涩而明亮，/没有谁和他如此相似，躲着/最后的悲剧，十一月已经值得流亡。"（《安蒂》）"饺子仍是湾仔码头的好，/自己动不了手，父母都远在/四季分明的地里劳作，而我/一年也只有漫长的一季。"（《立冬》）等等。在这里，诗人期望通过这种诗性的表达，把自我实现纳入到现实生活的言说中，并在诗的世界里出现或者消失。

如果说诗歌的创作是对一个诗人从自我满足到自我实现的召唤，那完全是因为诗人希望创造一个属于他自己的世界。七夜在诗歌创作中的自我实现，不仅有赖于他个人的视野，也有赖于他所经历的一切，以及他与生俱来的比较好地处理各种事物时创造一个诗的世界的能力。七夜也正是期望通过写诗的这种方式来实现自我价值，并让自己与其他人区别开来，独自一人走下去。因此，这也是讨论七夜的诗歌创作本身所必需的。

（原载《浙江诗人》2017 年 3 月，第 1 期）

生命情感状态的纯粹性

——评卢游的部分诗作

卢游的这组诗所追求的是一种生命情感状态的纯粹性,这是优秀诗歌作品创作的一个显著特质之一。虽说诗人表现于作品中的性质不同的纯粹情感,有时是他的生命情感世界在某一瞬间的一种特殊形态,但在读者眼中,则是诗人"明确的情感状态表明生命个体对外界的明确态度"自我形象一次亮相的特写镜头。

当然,诗人以他相对稳定的生命情感状态,在同一种境遇中,情感的奔涌所至之处,也会形成多样化的情感状态。因此,诗歌作品中情感状态的不断变化和逐渐成熟,则是一种持续的过程,其推动力是诗人生活阅历的不断丰富。由于诗人在诗歌的创作过程中,作品的情感状态变化会本能地与自己平时的生活互相呼应,并随着深入生活的广度而逐渐成熟。比如诗人在《清醒纪》一诗中写道:"此刻,斜阳印影,寂静辽阔/我想,二十多年过去了/究竟谁才是自己无法触及的陌路人?//古朴的围墙之下,我一边踱步/一边小心翼翼的辨认:时光/静默,醒来的事物是否都布满了伤痕?"

看得出,卢游在诗歌创作中对生命情感状态的纯粹性,也在一定程度上增加了其作品的内涵。他的这组诗歌作品有的带着一种忧愁或伤感:"很多年来,我读书/只读到故事的三分之二/我出走，始终绕不出自己的内心/太过美好的事物会让我害怕/太轻易淌下的眼泪总是令人生疑"（《我活着》）；有的会带有一种情感的美好："想一个人，就是心甘情愿/被她捕获，就是没有理由的，让她占据/你生命中的某一分，某一秒。"（《想一个人》）；有的又会带有着一种信心和勇气："启明星，会在黎明之前出现/如同我生命中曾经出现过的人/他们现在居住在我所听过的地名/只是我始终不能确定/这漫长的一生还会不会再见面/我们有过交集。在过去了的/某段时间，某个地点，某次交谈/就像启明星那样，虽然遥远/但它照亮过我的生活/并把残余的光，延伸到了现在。"（《启明星》）

在这组诗歌作品中，卢游还善于把自己这些年来所体验的生活经历通过不断的思考和诗意的提炼融入作品之中："一个人的生活，他想遵从的/非是自己的内心/无非是，在下个路口/有选择的余地/被某盏中意的路灯指引"（《一个人的生活》）；"一天天，是谁/坐着马车，在经过我们/有时留下一片落叶/有时寂静的/不弄出一点点声响"（《一天天》）；"学校改名字，放假/在暮春的夜晚/点亮了价值四十万的烟火"（《烟火》）；"是耶稣是撒旦？是天使是魔鬼？/就是这样一种声音/在午后，这么多年都已经过去/它仍然会时不时的出现/就是这样一种声音/遥远而又神秘，年复一年/穿过世界透过时间/让你不得不静下心来仔细倾听/让你不得不为之，掏空自己"（《午后的声音》），并以此来表达自己对生活的理解，以及由此而产生的一种纯粹的情感状态，因为"生命情感状态越纯粹，个人的生命力就越旺盛"。

阅读卢游的这组诗歌作品，你能感到一种生命的力量："他们在我们永远也不曾/抵达过的地方生活着/他们在那里度过了/我们所不知道的一生——"（《另一种生活》），但是，有时生命面对强大的打击以及不可抵抗的压力又是脆弱的："人间大/社稷大/我小/小于一块石头的硬/小于一只蚂蚁的轻。"（《我小》）不过，这首诗的字里行间透溢出的则是坚强和抗争的情绪，没有消沉和萎靡。同时，诗人在作品中注入的这种情绪的双向对峙以及作品所具有的张力，比较好地彰显了生命的力量，找寻了思考人生努力生活的足够理由。

应该说，卢游在这组诗歌作品中以生命情感状态的纯粹性向读者展示了他内心世界的丰富。诗人对生命和生活的感知与感悟，也让我们感受到了他正在从几年前的稚嫩逐渐走向成熟，而且这种逐渐的成熟不断绵延在他的诗行深处。

（原载《创作评谭》2017 年，第 2 期）

诗艺的内省与生命的哲思

——范剑鸣诗集《向万物致敬》读评

范剑鸣是江西诗坛近年来出现的一位越来越值得关注的、有创作才能的诗人。他的诗集《向万物致敬》由江西省作协主编并列入 2015 年江西文艺创作与繁荣工程项目《锐力·文学江西》丛书，并于 2016 年 6 月由长江文艺出版社出版发行。

范剑鸣在文学创作中是个多面手，在他诸多的创作才能中，诗歌创作才能是其中之一。他的创作才能，最基本的以及主要的就是他的诗歌创作中的艺术观察能力和内省能力。黑格尔认为艺术家首先要有"掌握现实及其形象的资禀和敏感"，然后"对其中本质的真实的东西还必须按照其全部广度和深度加以彻底体会"，要"求助于深厚的心胸和灌注生气的情感"，"还要把众多的重大的东西摆在胸中玩味，深刻地被它们掌握和感动"。诗人"特殊的观察力和想象力是主要的艺术能力"。

翻开《向万物致敬》这部诗集，我们首先会抓住一个印象，诗人有着比较强的艺术观察能力。只要是能进入他的生活圈子并能产生艺术感觉的世界万物，都可以在他的诗行中留下痕迹。更值得注意的是，他将思维的触角伸向世界万物之后，又能从万物中生发出种种思考，用诗意的文字，表达了他对人生的深刻理解。正如他在自序中所写："向万物致敬，这是我一直以来的诗歌态度，或者说，是诗歌教给我的世界观。"于是，他在作品中不断向我们打开不同的万物状态的画面：锯木场上的雷声、绿草湖上的白鹭、白云像亡灵聚集天空、再没有见过那么沉重的落日、金龙大道的垂柳等。这些画面是形象的、生趣的。当我们进入诗行，在春日的绵江公园漫步于是想到朱熹；沿着一条水泥路进山，便遇到快乐叫唤的鸟；年复一年中，目睹了西山被岁月打成一只永不磨损的马蹄；跨过溪桥，向未曾相识的生物和秘而不宣的世界，遥遥致意；在高速路上，看到万山重中一片金黄的菜花奔跑起来……。他将万物的寓意用诗意的语言表达出来，并把自己的思想刻入这个事物。作品里有着诗情画意，却暗透着生命的哲思。这无疑成了范剑鸣诗歌创作的一大进步，也是他艺术观察能力不断提高的重要表现。因为只要具备这样的能力，你就会感到，其实诗歌就在你身边。

　　诗意的观察与诗艺的内省是辩证统一的。范剑鸣的诗意的观察能力中融进了诗艺的内省能力是显而易见的。这一点在他的这部诗集中可以看出，他的诗作不是世界万物原始的照搬，而是有着一定的诗歌艺术的加工。因此，对于诗人来说，毫无诗艺的内省能力，世界万物永远也变不成诗歌作品。

　　我们都知道，范剑鸣的诗评文章也写得不错，这说明他的理性思维能力非常强，因为写评论文章需要对作品所反映的事物本质和内在联系以及规律进行提取。按常理，诗歌创作，感性很重要，我们应该注重形象思维，对逻辑思维是要排斥的。但他的形象思维与理性思维并没有在创作中发生冲突。这与他的诗艺的内省能力有很大的关系，因为理性思维可以帮助并促进形象思维。当然，这两者是不能互相替代的。正是这样一对关系复杂而又矛盾的思维，反而起到了互相促进的作用。比如

"这一切缘于：那无边的黑暗中孤寂的声音/曾经抚摸过你的童年/这一切缘于：乌鸦主持的夜色/一直轻轻地披覆着你的乡土"（《乌夜啼》）；"水在管子里静静流淌/时光的旅途从未中断/深山的泉源总是能找到恰当的出路"（《山泉在管子里流淌》）；"村庄增减的树木并不会少/正像村里/那些添寿的长者/和互不相识的孩子/每一棵树木都是岁月的坐标"（《每一棵树都是岁月的坐标》）等。在这些作品里的诗意呈现，任何事物的表达都不是为写事物而写事物，最终都要指向对人生的某个侧面牵出来。

向万物致敬，这是发自心灵的生命歌吟，诗人用诗歌作品记录下他对世间万物深入而独立的探悉，里面包含着对人生的思索、对生命的理解。哲学家亚斯贝尔斯曾说："人并不在他的发展中达到某一终点。随着时间的推移，他在朝向常新的命运的进步中不断改变，这是他的存在的基本内容。"在范剑鸣的这些诗篇中，不事雕琢的语言，较好地容纳了诗人的思想。从第一辑《良辰》到第二辑《乌夜啼》，再到第三辑《琴瑟》，最后到第四辑《民歌》，范剑鸣把他的沉思不断地展开。

范剑鸣的这部诗集中所探讨的人生哲学，与我国传统文化中所崇尚的对山水乡村等自然的敬重与关怀的态度相吻合，"当主体的人在主观社会中失去核心的价值取向时，客体的大自然就成为人们心灵栖息之所，并在与自然的物我交流中找到平复内心乡愁的内在秘诀"。因此，又使我想到了江西诗人傅菲在他的诗集《在黑夜中熬尽一生》中收录的大部分诗作。无论是在山水、在田野、在乡村，诗人选择的意象所表达的意境都是淡泊、恬静、空灵、飘逸的。诗人对世界万物的敬重，并非仅限于富有禅意的人生哲学，当然这样的境界也绝非淡泊、恬静、空灵、飘逸的禅意所能全部涵盖。也许是随着年龄的不断增大，思想也在逐渐成熟，诗歌写作也开始在从高处着眼，从深刻处着眼，把对世界万物的敬重和对生命的思考提升到人生哲学的高度。

同时也看得出，范剑鸣在诗歌创作中，是自由的。在这里，与其说范剑鸣是在对世界万物的抒写，还不如说他是以抒写世界万物来思考人生。应该说，范剑鸣的诗歌创作正在逐渐走向成熟。

（原载《瑞金报》2017 年 5 月 15 日，第 5 版《艺文坛》；《江西日报》2017 年 11 月 22 日，B3 版《文艺评论》；《创作通讯》2017 年，第 2 期）

朴素自然中内蕴情感的厚度

——白杨诗集《从细雨到风景》读评

翻开白杨的诗集《从细雨到风景》，你立即会抓住一个印象，他的诗歌作品的主要特色是：浅显易懂、简约整齐、朴素自然。很多作品，正如他的诗集名一样，如细雨般，似乎是从他心底流出来一样。阅读起来，总感觉那么舒畅。

也许是因为童年生活在青藏高原以及长大后的工作经历的缘故，他的诗大多以此为第一母题。"白杨，曾经的钢铁产业工人，现在干什么还离不开钢铁。"不难想象，他的诗歌创作题材大部分与钢铁有关，但是能把这些冰冷的硬邦邦的题材和沉闷的意象写得富有温情并非易事。我想，这与诗人与生俱来的丰富的内在情感张力是分不开的，也凸显了诗人对诗歌创作的一种自信。

诗集中的《首钢·超越时空的思索》这一辑收录诗作21首，读起来有一种感人的力量，原因在于这些作品中的意象虽然是生硬的，但强烈的情感与这些意象融在一起就是撼人的交响音画和精美诗篇，就像雄浑的江河滔滔之水不停向前奔流。这些诗歌的写成，除了意象比较生硬以及题材比较难把握之外，首先最重要的是，它是诗人用心在注入情感，因而才具有了诗歌的感人的魅力。诗人虽然只是叙述他在采风过程中亲历的首钢大调整、大搬迁、大建设、大发展的巨大成果和历史变迁，但诗歌所打动人的部分不仅仅是简单的描写，而是深层的诗歌艺术所构建起来的一种内在情感："所有追梦人的梦　都需要阳光/水和空气　都竞相长出叶片/装点这一座美丽的花园。"

诗人不满一岁的时候就随父母支边到青海，在青海长大后到东北求学，对于这段难忘的岁月，他在作品中并没有人云亦云，简单地叙述，而是用自己的生活体验在思考，用自己的诗歌写作抒发对故土亲人以及学生时代生活过的地方的眷恋。作品打动人的地方，依然是诗人具有的那种朴素自然的艺术魅力。比如《不惜豪奢，以及家的感觉》细腻地抒发了诗人 28 年后重返故地的热烈情感，激动的心情溢于诗行："不要这样豪奢吧　即使我来了/即使你的孩子异乡漂泊二十八年/你也不该把这样浓烈的色彩/铺天盖地让我无法呼吸　睁不开眼"、"门源你加重了青海的荒芜　抑或繁复/你点亮了这片土地的神性和光芒/我虽然无从丈量你的色彩和芬芳/其实我只想在你的怀抱度过剩余的时光。"

从诗集中收录的作品也可以看出，白杨的艺术情感及其表现的张力是有厚度的，这些都主要体现在他对社会观察的深度中。比如《东大街的老房子》《空巢》等诗作，从社会的角度在思考着现实的悲剧，也许层次不太深，但对生存状态的感受和思考进行了不断的发现，而且诗歌作品中存在着生活与思维的相互作用和互相转变。《东大街的老房子》这首诗，诗人从文化的角度表现了现实社会中的某些悲剧："最先破败的不是瓦老房子/躲在岁月深处的苔藓/那些瓦片安详整齐光鲜/令人垂怜为什么为什么/人们非得拆除那些苔藓/（苔藓是城市的藓吗/漫长文化和好风水无数优秀灵魂/滋养出的老房子啊）。"诗行中透溢出诗人心头交织着的失去有文化价值的梦魇，现实与记忆，传达出了诗人对已经失落的一些美好事物怀念。文明与野蛮，理智与愚昧，交织在看似外表光鲜的现实世界。而《空巢》这首诗，诗人则从农村的角度表现了当前社会的某些无奈和凄凉："当寒风再次帮树脱去外衣门楼/颓圮围墙坍塌照壁/不翼而飞牡丹花开满记忆/那条鲤鱼终于从水面逃离/跟着孩子们去城里打工了破败的/农家让视线豁然打开/因为不受阻挡而倍感酸楚。"在这里，作品凝聚了诗人纷繁复杂的情感经验，诗歌中所表现的已不同于一般的生活感受和经验，它唤醒了我们的灵魂。当然，白杨的诗歌除了这些大我情感的抒写之外，还有一些抒发小我情感的作品。比如《父母行》《奶奶仙逝记》《米蛾》等诗作。

白杨写诗有近 30 年了，诗路是曲折的，但他并没有因此而泄气，一路走下来，有辛酸也有欢乐，他也说："前路也许曲折陡峭，坑坑洼洼，但我不能停止上坡的步伐。"我们也有理由相信他的坚持会使得他的诗歌更深沉、更有力度和深度。

（原载《文艺报》2017 年 6 月 7 日，第 6 版《文学院》；《安阳日报》2017 年 6 月 14 日，第 7 版《洹上书斋》；《安钢》2017 年 6 月 17 日，第 4 版）

朴素中闪烁着诗人智慧的光泽

——评刘建彬诗集《雪韵》

　　认识诗人刘建彬有将近两年了，正式见面是在 2015 年 12 月 26 日由我和诗人杨北城等人组织的"南昌诗群"迎新诗歌朗诵会上，对于此，他还写了首诗《南昌生了第二胎》记之。记得当时他特地拎了两瓶酒从九江远道而来。有诗必定有酒，酒与诗总是有着密切的联系。当然，这主要是因为写诗的人基本上大都会饮酒，而且大都好酒。所以诗人刘建彬提着酒来参加诗歌朗诵会给人感觉很契合氛围。这是他给我的第一印象。

　　近日，诗人刘建彬在微信中给我留言并再次来电，说他要出版一部诗集，希望我能写几句。其实说心里话，当我接到这个邀请，是有犹豫的，因为自己的时间和精力确实很有限，而且所欠的文债越积越多。不过，要命的是，脸皮比较薄，不好意思去拒绝，怕伤了诗友那颗诚挚的心，于是只好硬着头皮接下这个任务。

　　这是诗人刘建彬即将出版的第一部个人诗集。出版属于自己的个人诗集，正好可以检阅并集中展示一下自己多年来的创作成果，这对于每一位写诗多年的诗人来说，一直都是一个强烈的愿望，诗人刘建彬也不例外。此次他将借众筹出书的方式完成自己的这个心愿。他给自己的这部诗集取名为《雪韵》，这个书名来自他的一首诗歌的标题。写诗犹如做人，我想，他用《雪韵》这首诗的标题作为书名，希望诗是洁净的，没有杂质的："它悄悄地落在我的掌心上，洁白的羽毛/清净，没有杂音/从身边路过，呼出的声音都如此湿润。"

《雪韵》这部诗集共分"风光无限""瞬间感悟""希望赞歌"三辑，总计收录诗歌作品 90 首（组），集中展示了诗人刘建彬这些年来的思考和创作的成果，也记录了他不断摸索前进的繁复的诗歌之路。第一辑"风光无限"所收录的诗作主要以各地的自然景物和人文景观抒写为主，注重突出意境，并从诗性的角度来抒发自己的情感，这些作品大都画面感比较强。比如《醉卧庐山》《远方的客人来看你（组诗）》《我爱你浙江天台山》《安义金花》《玫瑰香村》《爱上三河镇》《庐山西海之水》《圣地景迈》《在乌镇，与一座雕像对话》等诗作。第二辑"瞬间感悟"所收录的诗作主要以说理、叙事和抒情为主，注重提炼生活中的一些生动的细节以及鲜明的形象来抒发自己对生活的发现和思考，这些作品大都寄寓了诗人的人生感悟。比如《石头》《风筝》《登山》《躺进一杯茶里》《钓鱼》《难得糊涂》《柔道》《借我灯光》《钟声》《落叶》等诗作。第三辑"希望赞歌"所收录的诗作主要以歌颂现实生活中的正能量为主，注重彰显出作品中所蕴含的美德，并以明亮而热情、单纯而真诚的人格魅力，传递出一种难能可贵的情怀和一个诗人应有的人性良知。比如《父亲的手》《拾穗者》《清洁工老王》《汶川，你需要一双会飞的翅膀》《农民工》《我是个修铁路的人》《宁静的夏天我的眼眶装不下二十吨泪水（组诗）》《南昌英雄城》《鸟睡了，梦醒了》《回家过年》等诗作。

当我通读完他的这部诗集，我是有感动的。看得出，刘建彬是个勤奋的诗人，也是个性情中人，正如现实生活中的他性格直爽，想说就直接说，想骂就直接骂，不喜欢拐弯抹角让人不断去揣摩。所以，他的诗歌作品不是那种意象式的写法，不是那种"哥德巴赫式的难以破解的文字"，他的诗歌作品大都语言直白，不晦涩，让人一读就明白，因为在网络时代的今天，没有人会愿意花更多的时间去陪你玩猜字谜的语言游戏。当然，语言的直白，并不会影响诗歌的思想性和艺术性，比如《石头》这首诗："一个巨字气喘吁吁压在心上/想把它搬走很难/一只蚂蚁移动了挡路的大象/一个乌鸦抢走了瓶子里的碎石/一条蟒蛇活吞了奔跑中的野牛/一位小和尚把重重的石锁高高地举过头顶/一根沉重的法仗在方丈的手里拿着/他只和我说了一句话/它们只是一根稻草。"

对于诗歌创作来说，人生阅历是否丰富，以及如何抓住平时生活中碰撞出的思想火花等，在一定程度上影响着诗歌作品的思想深度。诗人刘建彬比较注重对这方面的自我把握，并努力把自己对人生的思考和对诗歌艺术的理解融入作品中，比如《蝉》这首诗："知了声声喊破了喉咙/干净的街道喊不出一只猫/夏天和这一声声喊结伴/知了知了知了/一长一短/最后把自己喊成干枯的壳/挂在秋天的树上回想夏天。"

虽然《雪韵》这部诗集中收录的大部分诗作风格朴实、语言直白，但这些作品又不乏诗意的韵味，而且大多数诗歌作品都有咀嚼的劲道，比如《童年》这首诗："我认识童年/他就站在我的灵魂深处/他快乐地码着文字/幻如一座诗歌的城堡/里面躲着世界上最甜蜜的梦/有个好听的名字叫摇篮。"

这样的诗歌作品你几乎找不到繁复的意象，也没有华丽的辞藻，诗人在这里把生活中的碎片镜头进行了精简和提炼，把纷繁、荒杂、粗浅，以及不必要的重复、闲言、赘语等都统统过滤掉，最后提炼出自己对生活的观察与感受。又比如《夜晚，看见一列火车经过》这首诗："夜晚/看见一列火车/由近及远/一块黑夜的皮肤抖露出来/它收回去的时候/就像一段云袖抛出的恋恋不舍。"

这些语言直白的诗歌作品，看上去寡淡无味，并没有什么新奇的地方，但也有让人眼前一亮的句子，比如"一块黑夜的皮肤抖露出来"等，当然，最重要的是诗歌作品中朴素的语言里所蕴含的哲思闪烁着诗人智慧的光泽，让你读后如一缕芬芳泌入心扉。

在《雪韵》这部诗集中，还有一个特点想说一下，由于诗歌本身所具有的节奏感以及内在的韵律，从而使得作品具有一定的音乐美，其中有的诗歌中的多音节词组就让这些作品具有了很好的节奏感，比如《三沙，我可爱的三个姐姐》一诗中对"姐姐""一个叫"的反复使用；《老虎和草地》一诗中对"在草地上奔跑"的反复使用；《父亲的手》一诗中对"走过""拿自己""手上"的反复使用等，都能让读者产生一种明显的节奏感。

以上是我读了《雪韵》这部诗集后的一些个人感受。至于我认为这部诗集中所收录的其他一些诗作的不足之处，就不在这里一一赘述了，我只想祝福并期待着诗人刘建彬在今后的诗歌创作中能收获更多的金黄！

（原载《星星文学》2017年8月，总第84期）

让诗意向着生命的意义不断延伸

　　——如月之月诗歌谈片

　　如果你仔细阅读了如月之月近年来的诗歌作品，你会发现她确实在不断进步，而且在不断收获自己在诗歌创作中所付出的辛勤汗水。她的诗作有一个整体特点，超越了日常生活的限制，在诗性的世界里言说自己的虚幻之境，让诗意的美丽向着生命的意义不断延伸。她不仅充分发挥了诗歌的表情达意的功能，而且让作品中的芬芳和色彩互感着，并保持了相对精致的语言敏感度。

　　在她这些年来的创作中，许多诗歌专注于一种生命意识的表达，诗人试图在诗意的言说中表达自己对生命的理解与感喟，比如她在《给夜空拔钉子的人》一诗中写道："夜空是无罪的，它的身体被/揳入那么多银色的钉子/我每抬一次头就能感觉/它因疼痛微微的颤抖/和短暂的眩晕。"在这里，诗人以丰富的想象力把自我对夜空的一种独特的感受呈现在读者面前，而这种独特的感受有时又是难以叙述的，它只能靠你去默默地感受，当然，这种独特的感受是建立在"夜空""银色的钉子""人""星星""瓷碗""孩子""面包"等意象基础之上，从而使得这种独特的生命意识与生存状态真切地从诗行中透溢出来，并得到更深和更具体的呈现。又比如《说起他残旧的一生》这首诗歌作品："时光的擦痕在他脸上显得生动/诸多减损让我们金子般的心虔诚敬畏/惺惺相惜，并获得生命的真谛/为之恪守和践行。"这是一种对父亲的"我瞬间宽恕了整个苍穹和大地"的骨肉之情，诗作的字里行间也流露出诗人对生命的敬重与依恋。

关于生命，每个人都有自己不同的理解和感受："古往今来，有多少哲学家、人文学家和社会学家，以及诗人、艺术家，都从不同角度对之做了深入的思考和精彩的诠释。"如月之月自然也有她对个体生命的存在之思："俨然趋于一场完美的仪式/彷佛注视着绝望、苦难、徒劳/隐于一条平行的白色光线。沉没江底/它们描述的世界时刻向我们敞开/又制造漩涡把我们塌陷//世间有痛苦，因为内心有阴影/世间缺少美，那我们去创造美。"（《世间缺少美，那我们创造美》）诗人在这一行行释放生命性情的文字中，表达了自己对"世间缺少美，那我们去创造美"的独特体悟，包含着对生活与生命的一种沉思。又比如她在《我不知道她爱不爱我》一诗中写道："我将屈服于那一场场清明雨水/缅怀我远去的亲人/我将再次忆起我的老祖母/一个有两任丈夫，二十七个子嗣的小脚女人/我不知道她爱不爱我/母亲说起她的刻薄无情，总是忿忿不平/我劝慰母亲，死者为大/何必与一个不会反驳，已故多年的人计较。"这是一种难以名状的自我述说状态，是我们有时在怀念失去的亲人时进入一种思绪的不确定状态，这种状态也是一种特别的存在。面对这种言说的境界，诗人选择了一种自言自语的探问的方式，并以繁复的语句强调自己心迹的复杂状态。

从如月之月这些诗歌作品中可以看出，她的创作水准已在不断提升，平时所接触的事物都能引起她丰富的想象和独立的思考，并在超越日常的限制中善于提炼生活中的点点滴滴，她在药铺工作，接触到的都是"继续把药铺和病患送来的中药/碾成过 200 目筛的极细粉"的病人，也见多了病逝的人，所以更加多了一份对生命的理解与感喟。读她的许多诗歌作品，也就成了我们理解她对生命思考的途径之一。比如"她躺在床上就像躺在墓穴/冰冷、潮湿、枯槁/一截冬雨里的薪柴，在年轮里抱紧/漩涡和风沫，果核般的脸无声描述/活于尘世的哀伤/双手叠于胸前，呻吟提高 N 个分贝/以放大自己的痛苦，以寻求同情与安慰"（《她》）；"黄昏去木梓排，老阳正牵着一条老牛/拴在牛栏里，水烟熏的发黄的手指/拍打了下牛背：老伙计，挨过三九隆冬/就开春了！""半月后他突然死于直肠癌/他充斥着癌细胞的身体/被推进焚炉，煅成一坛粉尘"（《老阳》），从这些诗作中我们可以感受到生命脆弱与惆怅，在我们所生存的环境中，个体生命在宇宙中是微不足道的，但是如果我们在生命中能意识到自我存在的价值，意识到此在之于存在的根本性，这才是让逝去的生命在瞬间发出永恒光芒所需要的意义。

诗人在她的诗歌作品中多次表达了生命的存在主义哲学，比如她在《时光会把我们带回原处》一诗中写道："坐在废墟上哭泣的老人/攒足了世纪末日的悲伤/流浪女人蓬头垢面，可她怀里的婴儿白净可爱/散发着米粥浓稠的香息/被雷霆掏空心脏的老树/可以用来打一副上好的棺木/高悬崖石洞内/免余生情苦颠沛，免六道轮回//我拥抱幼年的自己/扶她战栗削瘦的肩走下阶梯/与她推心置腹：'时光会把我们带回原处/一切都没有想象的那般艰难'。"诗人在这里强调了"时光会把我们带回原处"的生命是面对死亡的生存，而生命的存在就是生存的现实性，这也是我们真实的存在状态。

一个诗人的创作动力和源泉，应该来自诗人对生活直接把握之后的那份创作意识苏醒的自觉。笔者认为，如月之月创作意识苏醒的自觉就源自她那种自我生命状态意识的苏醒，她以女性的丰富情感，通过对心灵世界的反复酝酿，努力让诗意向着生命的意义不断延伸，让灵魂向着一种更加广阔的世界和更加深邃的境界贴近，使个体生命与这一境界融为一体，并表达出自己对生命存在的理解和对完美人生的追求。

（原载《江西工人报》2017 年 10 月 15 日，第 A3 版副刊）

辑二　散文作品评论卷

对事物内涵的顿然妙悟

——简评笑非的《棋道·网道·人道》

　　尽管笑非的《棋道·网道·人道》这篇文章体裁是杂文，但杂文也应属于散文范畴。这类杂文体的散文，一般情况下都是以谈天说地和辨析名物的方式来发挥作者的思想，在文章中力求把思想性和趣味性结合在一起。

　　笑非的这篇文章，在构思上表现在其对事物内涵的"情理"的顿然妙悟。然后，他以此妙悟作为创作的思路和线索，在自己的知识空间里，展开思维的翅膀，使自己在那一瞬间产生的妙悟，得以充分的发展，直到在文章中把自己的主旨说透彻为止。因此，他在这篇文章中连续引用了三个亲身经历的生活故事以及一个舞台小品，从这些故事和小品说起，旁征博引，引类取比。

　　首先，笑非在这篇文章中阐述"棋道"时引用了两个发生在自己身上的生活故事，第一个是"悔棋无德"，这个故事表明：稍微懂得点棋道的人，都不会去与无棋德之人下棋；第二个是"输棋无赖"，这个故事则表明：下棋应尊崇"愿赌服输"，但为了积分，败局已定却久不应着，寓意着世道的人心险恶。

　　其次，笑非在阐述"网道"时引用了自己在网络论坛经历的一个故事，这个故事表明：网络论坛中无聊不化的人身攻击似乎更具有诱惑力，而且这部分人心甘情愿地以此为荣来磨蚀着自己的个性，他们对社会中发生的某些事件针砭弊害、论事说理的关注，远远胜于对各自无聊之攻击的关注。在这些人眼里，无聊地攻击别人自然比关注时政，关注社会，关注民生等更具有所谓的普遍性和娱乐性。这样一来，网络论坛也就开始脱离了其开辟的实际意义。网络论坛需要正确的导向，不需要"无聊不化"的"病态"的存在。

最后，笑非在阐述"人道"时则引用了舞台上演出的一个小品，这个小品寄寓着做人就应该严守自己的"道"，并以此来抨击当今社会上那些不守"道"之人。

可以说，笑非在创作时，巧妙地把这些生活中的实例和故事引用在文章中，逐层深入地表现出了这篇文章的主题："棋之道，以智取胜；网之道，以理服人；人之道，以诚相待。若都能如此，则棋坛兴盛，网络繁荣，社会太平。反之，必邪气上升，好人变坏，世风日下。遂成此文，以诫后人。"

（原载《江西现当代散文选评》，江西教育出版社 2015 年版）

阅读的感受和生活的体悟

——读高丽君散文集《在低处在云端》

《在低处在云端》是高丽君的第二本散文集子。

该集子精选其平时阅读感受和生活体悟等方面文章 55 篇。共分"文字之旅""倾听乡音""远行足印""他们她们"四辑。这四辑分别将作家对读书的感悟、对乡村的叙述、对旅行的体察、对亲情的呼唤进行归纳整理，以精美的语言展现了作家的沉静和质朴。

第一，"文字之旅"这一辑给我们的感受是，作家以精美的诗化的语言传递出一种阅读的欲望，这种来自书本里的感悟和联想而创作出来的作品，或抒情或议论或闲谈，风格各异。虽然有些作品是原生命的残疾部分的灵现，是原生命再度被复活，但这是作家用新的思维进行新的思考。这类文章一旦经验入书就会给予读者以鲜活的感觉，这也是由它的新鲜度所决定的，也就是说要不断舍去那些东西，进而找寻现代人能够接受的最新的原创性抒情手法。因此，这些文章阅读起来有着很美的意境，具有强烈的画面感，字里行间透溢出来的韵味轻击着读者的心弦，慢慢拓展开来犹如水墨画卷。

第二，"倾听乡音"这一辑给我们的感受是，散文创作必须摆脱生活经验材料的牵累，要在世俗生活的功利包围中站出自身，作为本真存在的代言人；要在杂乱无章的经验材料中，朦胧不清的思绪和意念中，寻找、提取和创造，让混沌走向清晰，从混乱走向和谐，创造一个自成一体的艺术世界。因为生活经验并不等于散文创作，它于散文创作的意义是经由作家的感情、经验、智慧等中介条件的变化而体现出来的。因此，到了要创作散文的时候才去"深入生活"，那是很难写出好作品来的。同样，如果不经过作家主体中介的心灵融化，生活永远不会变成作品。生活的文学性是依靠作家对存在的聆听，对生活的感受与思考并不断发现和赋予的。散文的创作永远存在着生活与思维的相互作用和互相转变，这样的生活才有了文学性，有了文学性才真正有创作的冲动。高丽君在她这一辑的散文创作中选择了与以往自己生活密切相关而又对作家来说感受最强烈的乡村，重新创造了它，以自信叙述表现了丰富意蕴。这些散文作品让我们感受到了不同于一般的生活感受和经验，它观照了我们的心灵。

第三，"远行足印"这一辑给我们的感受是，突出表现了高丽君对其所游历过的国土资源的重视，游历的国土资源对她这一辑的散文创作的影响表现在她对散文作品题材的选择上。我们知道，在散文创作中，旅游与散文有着比较特殊的关系，而且在对沿途所见的人和事、景和物进行描写时，会有一种精神文化视野的游历经验的体悟和感知。当然，对这种在散文创作中最具体的单元，主要是选择性的。作家的情感、意趣主要体现在选择什么样的自然与人文中体现出来。而在整体的设计与组织时，则注重空间效果，通过一景一物的奇巧融合产生一种立体感。

第四，"他们她们"这一辑给我们的感受是，基本上是以在现实生活中所体验到的亲情和爱情为主，这样的主题比较多。从这些作品中我们可以品读到作家的"情"是那样的真诚、朴实、痴情、忘我，乃至让人心疼的忧虑和疼痛等，而且这些"情"又是那样的理智和自尊。同时，也能从人生哲理的深度，品读到作家对"情"的探索、对"情"的追求、对"情"的感受、对"情"的呼唤等。

第五，从《在低处在云端》整体上看，作为女性散文的那种灵妙、细腻、自然、朴素的艺术感觉在这部散文集中都得到了自由的发挥。同时，高丽君在语言的追求上，表现出了自己的审美观。她的散文语言比较唯美，韵味悠长，意境优美，色彩幽丽，就连标题也富有诗意。

当然，这部散文集也有不足之处，比如文字过于刻意追求华丽，特别是把《唐雪遥遥飘，诗心渺渺来》这篇文章放在书的开篇，对该书的整体质量有所损害。其实，这篇文章就是一篇精美的散文诗，说心里话，我很喜欢，具有古典意蕴的唯美，但是放在这里确实不妥，与其他的文章风格也不一致。不过，瑕不掩瑜，既然这部散文集能获得"冰心散文奖"，肯定有它的独特所在。

（原载《南昌晚报》2015 年 6 月 28 日，第 14 版《悦读周刊》）

透过历史反思现实

——评江子散文集《苍山如海》

　　我喜爱读散文，尤其喜爱读人文历史方面的散文。这类题材的散文读起来给人感觉有一股深厚的文化底蕴在里面，我喜欢里面的人文历史，喜欢里面的文化韵味，喜欢里面的人生感悟，等等。

　　江子的新著《苍山如海——井冈山往事》不是一部传统意义上回顾革命历史的著作。

　　这部著作有散文创作的手法和文学艺术的成分，作品中不仅从小处着眼再现了当年真实生动的井冈山往事，并深入了解和剖析当时历史背景下的局部，更重要的是抒发了作家的人生感悟、探寻了井冈山的人文思想，揭示了小人物的命运所具有的广阔的人性意义。江子利用从书店和网上购买，去图书馆借，向研究者要，去旧书市场和井冈山地区的历史现场淘等方式收集了一些相关的史料，通过自己适当的艺术加工，对某些不起眼的历史事件做了传神的评述。另外，江子从当时的生存状态和民间生活形态的视角入手，从文化的层面进行挖掘，透过笔下的历史和人物进行着深度思考。

　　关于《苍山如海——井冈山往事》这部著作，江子这样说道："还记得刚开始写的时候，我反复告诫自己，对这样的一座山，我不可以要得太多。……我要的也许正是专业研究者不屑漏下的。从文学的角度看，也许史学上暂时或永远模棱两可的地方，正是我的想象力可以纵横捭阖、我的笔意可以肆意挥洒的地方。"正因为如此，他才走进了当年这些小人物真实的生活与灵魂，他认为这是革命历史题材散文作品创作的一个模棱两可且不可忽视的空白，他觉得有责任以自己的散文创作回顾这些更为丰满深刻的人物和更加真实丰富的历史。

于是，江子另辟蹊径把笔墨集中于历史学家等专业研究者不屑漏下的人物事件，这主要是因为从创作的视角似乎能更客观真实地反映当时的现实，另一方面，写这些革命历史中的小人物，能避免某些对这部著作的误读，可以得到一些宽容。因此，在 2010 年夏，江子开始了《井冈山往事》系列历史散文的创作，长期积累的创作素材以及积郁心底的激情终于迸发出来，这部著作犹如涌泉一般喷射而出，创作出一个又一个被历史遗忘的艺术形象。

在《苍山如海——井冈山往事》这部著作中，抒发思念那段革命岁月之幽情是它的重要特点。江子凭借娴熟的散文创作功力和驾驭语言文字的能力，把红色革命历史情怀同现实审美融合在一起，豁透出一种深沉的历史感和作家心灵审美的碰撞。由碰撞产生的思想火花，照亮了这方红土地，飞溅出不同于其他散文题材创作的风格。

在品读和梳理了江子这部著作之后，我们可以切实感受到，《苍山如海——井冈山往事》这部著作洋溢着思想性、艺术性和历史性并茂的特色。作品的思想是创作的灵魂，又像是串起了历史珍珠的红丝线。如果创作出来的是没有思想的东西，就算不遗余力地铺陈文采，但终归是没有意蕴绵长之味。大家都知道，生活是文学作品创作的源泉，因此革命历史题材的散文作品不能仰仗于漫无边际的虚构。应该说，江子在创作这部著作时，一方面始终讲求先有一个叙述铺陈的方向，实地访谈、电话请教、网络交流、查阅史料、调查研究、积累足够的创作素材，然后才正式动笔。另一方面针对当年那些参加革命但由于一些历史的原因最终只是个普通民众的历史人物，总是牢牢抓住纷然杂陈事物的主要核心，浓墨重彩地去揭示一种人性的回归和思想的闪光。正是因为这样，江子的笔下纵横跳跃着当年这块红土地的生活画面，多种多样的历史事件和人物风貌，既给读者以淳厚的文化审美享受，又展示出敏锐的思想深度和意识到的社会内容。

对于红色革命历史题材的散文，不仅长于故事情节叙述，也重于以情理动人。江子的这部著作善于将直抒胸臆与倾泻情感融汇在一起，行文遣句，"登山则情满于山，观海则意溢于海"（《文心雕龙》之《神思篇》），从而使作品免除了流于空疏的弊端，平添了许多浩瀚之气，实现了作家与读者情感的贴切共鸣。同时，他在作品中不仅不回避表现自己的感情，而且还恰当借助或纤细或深沉的情感流露，传递出历史情怀与现实审美的磨合，迸发出一种亲切感，催情注入读者的心田，占据着读者的中枢。同时，这部著作还有一个比较突出的地方就是精心结构布局，注重剪裁，讲求行文规范。

古语云："言之无，文行之不远。"江子的这部著作既继承了中国文人散文的传统，结构布局推崇虚实结合，神意结合，主客体结合，又着意剪除枝蔓，突出主干，卒彰显志。他的这部著作既有跌宕，又浑然一体；既意义深远，又大气磅礴。就是白描，结构纵"散"，也能在一以贯之的气势中给人雄辩多彩的鲜明感觉。

最后，还有一点需要特别说一下的是，《苍山如海——井冈山往事》这部著作中叙述的历史故事主要表现的是一种精神。大家都知道，当代人的理想和信仰的缺失致使当前这个社会出现了许多的问题，影响到个人和国家方方面面。江子的这部著作中所描述的这些真实生动感人的历史故事，也从侧面透溢着如何重塑我们的理想和信仰的深度思考。

（原载《昌南新城报》2015 年 7 月 10 日，第 4 版《文艺副刊》）

在生活中增强创作的辨别力

——读黄文忠散文集《行走的乡愁》

黄文忠的散文集《行走的乡愁》近日由团结出版社出版发行。我与文友黄文忠认识时间不长，也就一年多点，平常对他的了解也不多。但通过读他的这部散文集，对他以及他身边的人与事有了一个相对的了解和较为深刻的认识。

收录到这部散文集《行走的乡愁》中的大部分作品都是纪实性的，比如《平仄通胜境，晨昏觅新途》《拂晓之星耀九州》《与青山同在》《茅坪，一个响当当的地方》《那年，那院子，那群细伢仔》《忘我布春风》《十二月十二日之流水账》《碧血丹心写春秋》《花正芬芳叶正绿》《花开无声》《认识你们是我今生的缘》等作品均真实而形象地描写世态人情，供人借鉴，催人思考。

其实，创作这类真实地反映历史和现实、及时传播自己对社会生活和人物事件观感的纪实性散文作品，几乎无一例外地是想要以此影响社会，影响世人。比如《红军通讯员许发申》《游击队长沈招明》《苏维埃主席谢华芳》《赤卫队长吴国恩》《铁骨铮铮范家骥》《红军女侦察员王石妹》等作品。

从收录的这些散文作品本身来看，纪实性散文必须具有真实性的特性，要求反映客观生活自身所提供的社会现象和人物事件与其所蕴含的本质，既要具有纪实性，又要具有文学性，这些作品存有可信性、形象性和思辨性这一独特的美学价值。

散文集《行走的乡愁》中收录的这些纪实性比较强的散文作品，借助形象化的手法，比小说体裁更贴近生活。亚里士多德说："历史家与诗人的差别不在于一用散文，一用'韵文'；希罗多德的著作可以改写为'韵文'，但仍是一种历史，有没有韵律都是一样；两者的差别在于一叙述已发生的事，一描述可能发生的事。因此，写诗这种活动比写历史更富于哲学意味，更被严肃地对待；因为诗所描述的事带有普遍性，历史则叙述个别的事。"这段话道出了虚构与纪实是区别文学与历史的重要标准。但是，纪实性的散文作品虽然是叙述个别的人和事，这"个别的人和事"经过作家的选择而进入作品，却与纯粹的记述历史有所区别，创作者的选择，包含了"作家或诗人"的"哲学意味"的思辨。

毋庸置疑，创作纪实性散文作品不可能像写小说那样借助于虚构，不可能运用艺术的概括来塑造典型。看得出，散文集《行走的乡愁》中收录的具有纪实性的这部分散文作品的创作，不是借助典型化原理而是运用艺术转化的方法，即把现实生活中真实的社会典型，经过文学艺术的加工，转化为文学艺术中的典型。这些纪实性散文作品的创作，是由生活典型的思想过滤幻化为文学艺术典型的创作。

另外，透过这部散文集《行走的乡愁》中作品的字里行间，还可以切实感受到，文友黄文忠是一个激情燃烧，情感极其丰富的一个人。在这部散文集里，还有诸多篇章是在挥洒着父母情、兄弟情、姐妹情、夫妻情、师生情、朋友情、网络情……各种情感在这里被作者表达得淋漓尽致，感人肺腑。比如描写父母情和兄弟姐妹情的篇章有《哦，那遥远的贫寒》《中秋月儿圆》《N年前的今天》《陪老父亲理发》《揣好母

亲给我的七十块钱》《妈妈的身影，女儿心中永远的底片》
《为什么我的眼里常含泪水》；描写夫妻情的篇章有《相会待
明年》《快乐的风吹到我家来》；描写师生情的篇章有《不会
跳舞是我的心痛》《你采花，我采风》《三生暖》《才子教师
满堂彩，魅力光焰万丈长》《东进广东》《那群细伢仔的那些
糗事》《刻在骨子里的第一课》《多少回梦里回东上》；描写
朋友情的篇章有《树叶声声乐山林》《一个歌手和一群诗人的
约会》《思念到永远》；描写网络情的篇章有《篱落疏疏素
描》《醉在南昌》等。

　　这部散文集《行走的乡愁》中的作品应该说视角都比较
小，大都是从人们身边随时随处展开的生活琐事开始，然而却
"于细微之处见精神"。在创作中，作者总是能把一些生活中
的琐事上升到一定的高度，这也充分体现了一个作家的社会责
任感和使命感。而且这些散文作品，无论长短，几乎篇篇都是
在平常的生活琐事之中增强嗅觉的灵敏性和创作的辨别力。文
友黄文忠对现实生活以及身边的人和事物的洞察力，使得他的
散文作品牢牢地植根于生活中，这也应该是一位作家所必须具
备的基本功。

　　　　　　（原载《光华时报》2015年7月21日，第4版《读书副刊》）

江西杂文创作的再次集中展示

——读江西杂文随笔选《守望者书Ⅱ》

由江西省杂文学会编选的《守望者书Ⅱ：2009—2011 江西杂文随笔选》一书的公开出版，是继《守望者书Ⅰ：2001—2008 江西杂文随笔选》正式公开出版之后，又一部集中展示江西杂文创作者近三年来创作成果的好书。应该说，这部作品选集不仅对江西杂文事业的发展立下了汗马功劳，而且也对整个江西杂文创作形象的提升做出了一份特殊贡献。

江西省杂文学会自成立以来，真正成为杂文创作者一个尽情展示自我的舞台，学会的凝聚力和影响力不断增强，活动开展得丰富多彩。作为一部作品选集，如何做到全面、完整而又重点突出地向广大读者介绍它们，不是一件容易的事情。而做到把读者赋予投枪匕首刮骨疗伤功能的杂文和夹叙夹议自由谈吐抒情的随笔融为一体，化尖锐讽刺、抨击丑恶与意之所之、随即纪录，以及灵活自由，或抒情，或叙事，或评论为一炉，从而使狭义的文体在广义中活跃起来，在继承和发展的同时，与江西省杂文学会的研究熔铸融合，直接服务于当下的精神文明建设，促进杂文创作事业的繁荣与发展，就更需要精心策划、精心选编了。《守望者书Ⅱ：2009—2011 江西杂文随笔选》一书正是在这两个基点上，牢牢把握住了准确的坐标，从而也形成了这部作品选集的鲜明特色。

纵观《守望者书Ⅱ：2009—2011 江西杂文随笔选》一书，我认为该作品选集豁透出以下几个特点：

首先，《守望者书Ⅱ：2009—2011 江西杂文随笔选》一书集中展示了一种内容全面、结构自由、语言活泼的风范。通读全书，近年来创作活跃的杂文作者，都可以在书中找到各自的位置。在作品精选和创作成果介绍等方面，无论是文字，还是图片，都注意采用最新的第一手资料撰写勾勒。作品编选的体例上采用了常见的方式，把江西省各地杂文创作者的佳作串缀起来，显得有序清晰，一目了然。

其次，《守望者书Ⅱ：2009—2011 江西杂文随笔选》一书对文章的精选十分讲究，各位杂文创作者也是尽量拿出自己最好的作品出来展示，这些作品是作者灵魂在感情的战栗中吐出的一颗颗灿烂夺目的珍珠。把这些散落在人间的珍珠，用一根神奇的彩线串起来，而展现在大家面前的，就是一部读起来脍炙人口的好书。江西省杂文学会作为引线串珠的组织，把一串串璀璨的珍珠奉献出来，供广大读者去品读、欣赏，使之在杂文创作艺术的美感中升华人生，塑造纯洁的灵魂，这不能不说是一件极其有意义的事情。

再次，《守望者书Ⅱ：2009—2011 江西杂文随笔选》一书大气恢宏，图文并茂，运用了一种全新的视野，迸放出瑰丽磅礴。这是一部堪称融批评性、思考性、探索性、哲学性、趣味性、知识性等为一体，具有指导价值、收藏价值和欣赏价值的作品选集。手捧这部厚重的书，江西杂文创作者精深的文化内涵、旖旎秀美的语言文字、自由活泼的叙述抒情、一针见血的尖锐讽刺、热情豪放的艺术之风扑面而来，现实的社会生活和人们的内心世界尽收眼底。

最后，《守望者书Ⅱ：2009—2011 江西杂文随笔选》一书不是一部普通的作品选集，多角度的视野，不同的生活体验，不尽相同的哲思和艺术表现手段，使得这部作品选集成为一个多方位的探求人生、观察社会的好书。完全可以说，这部作品选集是洞悉社会现象和人生内心世界的窗口。这既是杂文创作者精神世界中的一个葱绿的新大陆，又是广大读者梦寐以求的好去处。

为此，我们为江西省杂文学会编选《守望者书Ⅱ：2009—2011 江西杂文随笔选》这一举措，表示由衷的赞叹！也为这部集中展示江西杂文创作者精品佳作的作品选集的出版表示高兴和支持！并对为江西省杂文学会各位前辈付出的辛勤劳动表示崇高的敬意！

（原载《光华时报》2015 年 9 月 29 日，第 4 版《读书副刊》）

解用都为绝妙词

——读陈志宏美文集《心灵痒痒挠》

这是一部值得青少年读者静下心来，好好读一读的美文集。作者陈志宏是《读者》等多家知名期刊的签约作家，他富有哲理情趣的系列美文，在各大刊物发表以来，深受广大读者的青睐。这些文章不仅对涉世不深的青少年起到了很好的引导作用，而且对一些步入成年的读者，也不失一剂"心灵的清醒剂"，给人以启迪。

本书是作家陈志宏的最新文字，以开拓青少年的视野为主，为话题作文储备材料，能使读者从中领略作文的基本要素，掌握写作的基本规律，提升考场作文技巧和能力，让读者在阅读中得到做人启迪与作文感悟。

陈志宏的作品均以生活中的寻常人事来打开话匣，以小喻大，以小见大，发人深思，耐人寻味，正所谓"夕阳芳草寻常物，解用都为绝妙词"。由于对平常生活中的事物观察入微，且有所思，有所想，有所感，有所悟，同时这些思考和感悟又是深刻的、独特的，所以才能写出这样具体细微而又无穷无限的有深刻意义的文章来。

在创作中，陈志宏将自己对生活的体味，托付于笔端，注入字里行间，让读者去领略和感悟。同时，可以看得出，文章的思想是随着作者修养的不断加深，而逐渐褪去拘谨和雕饰，显得比较自然和洒脱。而且注重事理的剖析，引用生活中的故事不断深入推进。这类文章既具有小品文的那种随意性的自由奔放的笔调，又有说理文的那种严谨性的逻辑思维的叙述。

本书作品在表现方式上，夹叙夹议，独白闲谈，默默思索，咀嚼人生，达到生命哲学的深层。在这里，作者的心灵是向读者敞开的，使人得以自由地出入，字里行间毫不掩饰自己，融入自己的鲜明个性，倾注自己的真挚情感。这种坦率和真情，本身就具有吸引读者共鸣的积极效果。

作为一位优秀的青年作家，陈志宏对日常生活的哲学提炼，追求独特的创意、不落俗套，在语言的运用上狠下功夫等，并细致地倾注于文章的字里行间。因此，读者不仅可以从他的文章中得到教益，而且还能从他创作实践中，受到启发。

我们知道，陈志宏在写作的这些年里，对创作的追求是热情而执着的。从他对平时生活的细微观察，对文章语言的删繁就简上，我们就不难发现，他付出了巨大努力。他把自己的体悟和心得，在文章中娓娓道来，毫无保留地倾注于和盘托出，仿佛是在给青少年朋友上了一堂精彩的辅导课，使人感到温暖和亲切。

由于陈志宏的这些文章都是有感而发的，所以很多观点不仅是个人生活经验的小结，同时又具有比较强的针对性，是针对当前各学校注重语文教学，以及阅读理解与作文写作而发的。比如这本书中第四辑收录的江南系列散文等，已被列为各地中考现代文阅读题或模拟试题。

江南系列文章，语言精练灵活，词语的安排和选用，句式的变化和配置，都显得那样恰如其分，删一字不可，增一字则多余；表达准确而生动，或侃侃而谈，情节引人入胜。阅读这样的文章，给人感受有一种独特美质，古典与现代的意蕴得到了淋漓尽致的发挥。有时寥寥数字，就会使情感与境界活现起来；每个字词的组合，都在其鲜明的形体内；联排的修辞，让境界全出。显然，作者将语言的特质发挥至恰到好处。而且这些文章犹如清亮而活泼的潺潺山泉，吸引着我们兴致勃勃一路读下去，文章中的思想情感也随之在我们的脑海中留下比较深刻的印象。

同时，这些文章也很有意境，画面感比较强。这样的描写仿佛是在以文字作画，水墨江南。作者的笔不时地蘸着清丽的颜色和真挚的情感，细致地、一丝不苟地描绘着，字里行间透溢出诗情和画意，韵致和情感全出。应该说，这些文章的写作脉络是清晰的，结构也较为严谨，思维较为缜密。行文过程中能紧紧围绕文章的中心，虽然有时曲折，偶尔波澜，但很少大开大合，陡起陡落。

打开这本书，你会有一种恬静的美萦绕心中。

（原载《南昌晚报》2015 年 10 月 12 日，第 14 版《悦读周刊》）

激情燃烧年代的沉思

——评范国强散文集《沉睡的大漠》

　　《沉睡的大漠》是范国强正式出版的第五部作品集，该作品集主要收集了作者近几年来的散文新作。尽管是近几年来的散文新作，但内容涉及面比较广，时间跨度也比较大，特别涉及了作者各个阶段对文学的观念解放和对人生的价值思考，也涉及作者创作和批评实绩的展示。

　　这是一部内容丰富而且斑驳的散文集，因为是关于作者对人生的综合的描写和记述，因此，它更是值得一读的比较好的一部书。特别是该书中的第五辑《迢迢自学路（系列）》，作者保留了"文革"前后的匆匆行色，也寄托和传达了作者在这一年代里对人生的思考。

　　在这个如今变得遥远了的文学时代里，充盈着弃旧从新的批判和创造的激情。它对于以往文学的历史性变异充满了严峻的质疑和反思，对于扑面而来的春天解冻的暖意，则充满了再生的喜悦。"文革"后，作为中国现代文学的延伸，那个匆匆而至的时代无论如何，总意味着一个结束，又是一个伟大的开端。这一个文学阶段是承前启后的，对于以往曾经有过的文学被驱逐和役使的历史，它是一次庄严的告别；对于将要到来的文学对于人性的重新确认，以及文学的重获自身，也包括像范国强这些作家不受干扰的自由写作以及文学多种审美功能和秩序的确立等等，则是一个新时代的同样庄严的宣告。

黑暗年代的消失是如此的突如其来，尽管前面依然是艰难的路径，却蕴有无限生机的文学春天之梦想。在那个时节里，像范国强这些饱经苦难的人来不及擦拭身上的风尘和血污，便投入了这个文学写作的狂欢节。诅咒黑暗和死亡，歌唱光明和新生，有不尽的悲痛和欢欣需要倾诉。

而禁锢年代里的人们失去了活跃的文思，开禁之初，新的只是乍显初露，来不及熟悉；倒是顺手抄起了原先的家伙，在废墟上进行一番清理瓦砾和消除污秽的圣洁的工作。

范国强这一类作家就是这样清洁队伍中的一分子，他从"文革"前的"老三届"开始，却有着深刻的"文革"记忆，经历了那时一切的告别和迎接、抗争和欢呼。现在对他来说，回想起来，那时的一切都显得有点匆促，也有点急迫，这都是自然而然地经受着突然相遇的喜悦，人们似乎没有耐性等待情感的沉淀。范国强这部散文集《沉睡的大漠》第五辑《迢迢自学路（系列）》就这样保留了历史前进的脚步声，传达了那个年代特有的灵感和激情，尽管作者的自学之路与那些乘直通车上大学的人比起来，作者的路是那么的艰难和曲折，但毕竟是鲜活的，有生气的，处处充盈着活力与乐观的精神，充满着期待与幻想。

现在有人喜欢责备那时的幼稚和天真。做出这样责备的人多数都未曾亲身经历过那一年代，或者仅仅因为他失去记忆。他们说那些话很容易，因为那年代发生的一切多半与他无关，或者他压根就不乐意与那一切保留什么关联。他们无须为那一切动情。然而，范国强和他们不同，范国强经历过苦难，因此知道告别和结束苦难的可贵。"文革"后新时期是范国强这些人获得再生的纪念。现在，范国强把这一切展示在我们面前了，我们自然地获得了一种重温记忆和保持历史画面的欢愉。

　　这部散文集中的《迢迢自学路（系列）》展示的也许并不系统，但难得的是那一份真情。这一系列文章的写作对比目前的一些写作是不大同了，他有一份建设性的热情。当他在做那一切的时候，有一种事事关切的投入。现在的某些人在从事创作时，应该表现出了相当的成熟。这是时代进步的标志。他们可以相当娴熟地操练着手中的笔，但缺乏一种与那一切息息相关的热情，比比皆是的是那种"超然物外"的冷漠。这种心态对于写作来说，是一种致命的缺失。我们现在读到的范国强的这些充满热情和真诚的文字，可以从中感受他对所认定的事业的执着以及生活的热爱。

　　　　　　　　（原载《南昌晚报》2015 年 12 月 6 日，第 14 版《悦读周刊》）

感动读者灵魂的情书

——读《世界名人情书大观》之《顾城与谢烨的情书》

顾城（1956—1993 年），中国最著名的朦胧诗代表诗人之一。在 20 世纪 70 年代末、80 年代初的中国新时期诗坛，曾与北岛、舒婷等领导潮流，占尽一时风骚。其影响是世界性的，几乎波及整个创作领域，顾城生命的后数年一直旅居国外生活、写作、讲学，他不懂外语，其妻谢烨（1958—1993 年）通晓英文，是他的伴侣助手，谢烨的诗文不多，但读来也是刻骨铭心，仿佛处处预示着他们的命运与结局。

1993 年 10 月 8 日他们的死成为社会的热点新闻，诸多报纸杂志在他们的死因上大做文章，"炒"得热火朝天，而他们生前却忍受着生命的孤寂与困顿，这对他们是多么不该的惊犹呀！当时我就想对他们进行呼喊，现在应该是多读读他们作品的时候了！但我无意义的呼喊是那么的微弱，甚至连蚊子的声音都比不了，也许这呼喊只有我自己才能听得到，因为根本没人理你。

我们除了读顾城与谢烨他们两人的诗歌作品以外，读他们在 1979 年热恋时的部分通信，一样也是一种文学上的享受。这些书信的文学色彩很浓厚，非常能够细致地表现顾城与谢烨两位诗人对于感情和人生的独特体悟与思考，同时也能由此窥见一代青年文化精英的心理世界。

顾城比谢烨大两岁，都是 20 世纪 80 年代初著名的诗人，这一对恋人曾经令多少人羡慕啊！堪称是诗坛一大亮点。

顾城与谢烨之间的爱就像火一样，他们不管是否天天见面或者不见面，都几乎每天互相写一封情书。我想情书能够表现这对占尽一时风骚的著名诗人顾城和谢烨内心的情感，细腻、纯真。

在读他们两人之间的情书时，我非常感动，那情书就像他们的诗歌一样美。在他们相恋期间，顾城因工作而不得不离开谢烨回到北京，思念是没有距离的，他们仍然用频繁的情书构筑两人之间的爱巢，甚至每天两封。

那些出自顾城与谢烨两位诗人之手的情书，充满着青春的热情，读来让人真切感受到爱是如此热情奔放，情深意切。如 1979 年 8 月 15 日顾城给谢烨的一封情书：

"我手一触到你的信就失去了控制，我被温暖的雾的音响包围，世界像大教堂一样在远处发出回声。你漂浮着，有些近了……我醒来的时候，充满憎恨，对自己的憎恨，恨自己小小的可怜的躯壳，它被吸在地上，被牢牢地粘在蜘蛛网上，挣扎。现实不管你怎样憎恨，都挨着你、吸着你，使你离梦想有千里之遥。"

又如 1979 年 8 月 29 日顾城给谢烨的一封情书：

"刚才看电影，看见什么都想到你。我终于受不了了，我跑出来，脚踏着宽宽的台阶，我跑到了桥上，念你的名字。河水在巨大的黑暗中流去，最沉重的只是一刻，这一刻却伴随着我，河水在远处变成了轻轻的声音，而我却活在涌流之中。我看见我的手在黑暗中移动，遮住一粒粒星、一盏盏灯、一粒粒小虫的歌唱。"

情书是圣洁的。顾城与谢烨两人穿越着世间的目光，用文字编织着爱的摇篮，他们的爱在漫漫的长路上，情书是一个支撑，使他们的爱变得多么强大。比如谢烨在 1979 年 8 月 11 日的病中给顾城写的一封信：

"今天我觉得精神特别好，现在可以告诉你，我病了，发高烧昏昏沉沉好几天，今天我真的觉得我已经好了。这几天我躺在床上，天天看或者说是听你的信，也许我真从你那带走了灵魂，它不时聚成你的样子，把你的诗送到我耳边，我好像一个住在海边的姑娘，听小石子在海水中唱歌。你的信让我看见了将来，多好，为什么我不能和你一起看看将来呢。我感到云从松树上升起来，你一步步上台阶，你就走在我身边，我相信，这是命运。我们在一起的时间很短，而命运是漫长的……"

当然，谢烨有时也一样会同其他的女孩子一样耍小孩子的脾气，如在 1979 年 9 月 8 日给顾城的一封信中这样写道：

"你真有意思，只会说'您好'，可你却教会了我说话，让我从教室的窗户里跳出来，落在篱子里。我对你说：'您好，你真好……'我们不要那么老，也不要长大、不要书包，我们可以光着脚丫，一直跑下去，'噼噼啪啪'地跑。跑吧。"

同时，谢烨也会经常在情书里面细细诉说着自己小小的委屈，如在 1979 年 10 月 9 日给顾城的一封信中这样写道：

"这回你吹牛了，你正式 23 岁了，祝贺你。可你说你忘了我的生日。我没告诉你，你就'忘了'？真能耐呀！当然现在我不会让你想起我生日的，以后告诉你。能想起来的事都会忘，就像树叶会掉一样，因为在身外，一松手就没了。江河能看见几片树叶呢？"

在热恋中，爱的双方是无法满足的。顾城在情书中说：

"收到你寄来的'避暑山庄'的照片，真高兴，高兴极了，又有点后悔，我为什么没跟你去承德呢。"跟着去承德，这是爱的渴望。我想，爱是彼此心灵的钥匙，爱又是那么让人无法割舍，顾城在情书中有温柔的话语，也有奔放的渴求，如："无穷无尽白昼的鸟没入黄昏，好像纷乱的世界从此结束，只有大自然、沉寂的历史、自由的灵魂……太阳落山的时候，你的眼睛充满了光明，像你的名字，像辉煌的天穹，我将默默注视着你，让一生都沐浴着光辉。"

顾城与谢烨不仅是爱得深沉的，而且在他们的文字中显露出他们之间无比情深的关怀，我感觉他们结婚后的那段日子一定无比的幸福，尽管他们后来走上了悲剧的道路，尽管人们对他们的悲剧的评价五花八门，但有一点是肯定的：那就是他们之间的这段恋情是真挚的、纯真的。我不知道他们产生悲剧的原因，但我相信导致诗人悲剧的一切原因，自然与非自然的原因都是丑陋的，更何况是夺去这样一对纯真青年诗人伴侣生命的死因呢？我想我没有必要去知道！

顾城与谢烨的部分情书经选编入《世界名人情书大观》出版后，曾感动着一大批读者，也给了我有益的启迪，一次爱的洗礼，这是灵魂的爱，深深印入读者的心中，久久不能忘怀。

（原载《生活 365》2015 年 12 月）

为读者打开一扇文学之窗

——评杜崇斌书评集《品茗读经典》

　　杜崇斌先生的解读、赏析和点评中外名著佳作精选集《品茗读经典》由中国文联出版社正式出版，这是杜崇斌先生近几年以来解读、赏析和点评中外名著佳作的一次集中展示，是评论界领域里的又一丰硕成果的小结。

　　"茗"，指茶的通称；"经典"，指中外名著佳作。书名冠以"品茗读经典"，顾名思义，意思是一边品尝着名茶，一边欣赏中外名著佳作，这种闲情逸致给人一种美丽的享受。单就此书名就让我有一种身临其境的感觉：那种严格意义上讲的品茗，里面有着更加精美和考究的茶具、书桌和椅子……品茗读经典，是那种小心翼翼地休闲和放松，让茶的芳香和阅读中外名著佳作的愉悦渐渐透进心灵的深处；是那种精致的茶具盛着神仙灵水，以茶的芳香伴着中外名著佳作的油墨香渐渐熏开久闭的胸襟；是那种在袅袅水气和书的油墨香中，把力量从体外渐渐回到心里的感觉……

　　《品茗读经典》一书，是各立主题，单独成篇，结集成书的；但是仔细阅读，则又是有内在联系的。杜崇斌先生的这部文学评论专著共收录他平时解读、赏析和点评中外名著佳作63篇，共分"读书随笔""解读经典""名作赏析""书评""点评三国人物""文学批评"等六辑，这是作者灵魂在感情的战栗中吐出的一颗颗灿烂夺目的珍珠。而作者杜崇斌先生把这些散落的珍珠，用一根神奇的彩线串起来，集中展现在我们面前的，就是这部读起来脍炙人口的好书。杜崇斌先生作为制作珍珠以及把这些珍珠引线串起来的人，今天把它奉献出来，供众多的文友去把玩、欣赏，使之在评论艺术的美感中升华思想，塑造纯洁的灵魂，这不能不说是一件极其有意义的事情。

《品茗读经典》一书，不是一部普通的书。多角度的视野，不同的阅读感受，不尽相同的哲思和评论艺术表现手段，使得这部解读、赏析和点评中外名著佳作的 63 篇文章结集成为一部多方位探求人生的好书。完全可以说，这部书是洞悉那些中外名著佳作的一个很好的窗口。这既是众多爱好读书朋友精神世界中的一个葱绿的新大陆，又是众多文友们品茗读经典的好去处。该书涉及的中外文学名著有《伊豆的舞女》《飞鸟集》《瓦尔登湖》《红字》《热爱生命》《金银岛》《欧·亨利短篇小说集》《德富芦花散文集》《小王子》《安徒生童话选》《神秘岛》《贝多芬传》《莫泊桑短篇小说选》《红楼梦》《三国演义》《围城》《狂人日记》《伤逝》《倾城之恋》《繁星·春水》《呼兰河传》《画梦录》《余光中作品集》《朱自清散文选》《徐志摩作品集》《广岛故事》《北京法源寺》《洛神赋》《长恨歌》《道德经》《战国策》《诗经》《楚辞》等。

《品茗读经典》一书，给人突出的感受是，视角新颖、观点独特和浓郁的思辨色彩。对这些中外名著佳作，作者站在不同的角度，解读、赏析和点评，思想颇为敏锐，善于发现和洞悉，做到有破有立。由于作者有较好的理论功底和文学素养，在解读、赏析和点评这些中外名著佳作过程中又重视辩论和分析，避免主观臆断，解读、赏析和点评中的立论较为稳妥；同时还能以幽默和调侃的方式平心静气地深入阐述自己的阅读感受，辩证分析，缜密论述，深中得当；而且还巧于辩驳，议论风生，笔锋犀利，颇具思维力度，富有说服力。通读杜崇斌先生的这部《品茗读经典》一书，不能不对他深厚的文学功底叫声"好"！

语言清新生动，富于质感和哲思，则是《品茗读经典》一书的又一显著特色。比如"'文一虫'读书已经成为网络文学的一个品牌，在各大文学网站很受欢迎，特别是深受大中学生的喜爱，在网上的累计点击超过 100 万人次"就是一个很好的证明。假如语言不清新生动，不富于质感和哲思，不幽默和调侃，只用一大堆生硬的带有学术味的机械性的语言，那只会让很多读者特别是大中学生敬而远之，缺乏吸引力。

最后，值得一提的是，《品茗读经典》一书，对于拓宽读者的视野，培养读者的文学兴趣，提高读者的审美水平和文学鉴赏能力，引导读者进入神圣而高贵的文学殿堂能起到一定的促进作用。该书的深层次的美，还是在该书的内容方面。优秀的解读、赏析和点评文章，是智慧的花朵，精致的奇葩，是作品中的作品。该书收录的这 63 篇解读、赏析和点评中外名著佳作文章都具有比较高的文学水平，所以《品茗读经典》一书绝不是杜崇斌先生平时那解读、赏析和点评中外名著佳作的 63 篇文章分成六辑的简单汇编，而是花费了作者大量的心血整理而成，其解读、赏析和点评的角度、层面、内容及手法均不同，这样该书就有了立体感，该书的丰富内涵就可以得到开掘。作者多角度的论述也并非空对空，而是建立在微观审视的基础之上。他立足文本、含英咀华、深切感悟、认真剖析个案，在旁搜远绍、贯古涉今、先占有翔实的阅读感受的材料之后，再加以严格甄别。这样就保证了文章论述有力，结论让人信服。有些文章，横向的比较，使读者能较为全面去论析阅读的感受。

正如《品茗读经典》一书的编者在前言中所说："本书就像在读者面前打开了一扇文学之窗"，"让读者感受纯文学的博大精深和独特的艺术魅力"。当然，至于书中的个别的评论观点，也并非无可商榷，但仍不失为一家之言，因为每一位读者在同一作品中的阅读感觉不可能千篇一律，应有他们独特的艺术感受。

（原载《光华时报》2016 年 3 月 25 日，第 4 版《读书副刊》）

辑三　小说作品评论卷

商海暗战，对人格的考验

——读朱仁凤长篇小说《双凤朝阳》

　　江西进贤女作家朱仁凤创作的长篇小说《双凤朝阳》近日由团结出版社公开出版，全书共计约 33 万字。这是一部以"个人梦""家族梦""回归梦"为主题，由生活在红土地上升腾起来的，深刻表现改革开放后复杂社会生活中出现的商海暗战的现实主义作品。该作品以唐氏家族每个成员的瓷艺精神和离奇经历向读者展现普通中国人的追梦以及圆梦的心路历程，艺术地再现了唐氏家族几代人的"瓷器梦""创业梦""中国梦"。

　　景德镇是世界著名瓷都，制瓷历史悠久，早在汉代就开始生产陶瓷。但在 20 世纪 70 年代初至中期，中国瓷器艺术走过了 20 世纪后半叶最为坎坷的一段历程，千百年来被国人引以为豪的景德镇瓷器进入空前的低谷。长篇小说《双凤朝阳》通过描写瓷艺家唐国安为给祖传的瓷艺事业探寻一条发展新路过程中经历的从景德镇来到上海后，被美国某集团组织盯上并把他秘密送到美国，逼迫他交出双凤朝阳的配制秘方等一系列惊心动魄的故事，活脱出一组在商海打拼坎坷人生的人物群像。进而揭示他们在新时期不同的命运起落的运笔中，勾勒出进入 21 世纪江西人真实的生存状态，释放出他们跟踉而坚毅的创业足迹，折射出他们丰富而复杂的人性与人格。

这部长篇小说，从叙述的角度上看，表现了作者驾驭重大题材和宏大画面的结构能力，同时也彰显了作者蕴含着深刻思想的艺术匠心。作者把叙述的焦点对准唐国安这个家族的人物，特别是唐国安本人，他是一个身怀绝技的特殊人物。作为出生于景德镇的瓷艺人，身上藏着祖传下来的双凤朝阳配制秘方，由于中国瓷器进入空前低谷，为探寻一条发展新路，毅然抛妻弃女，从瓷都来到繁华的大上海。于是，故事的情节便被有机性和艺术性地组合在了一起，一切都是那么惊心动魄，暗战迭起。一场场正与邪、善与恶、攻与守的智慧较量，一个接一个的悬念和意外，让读者感受到了中国瓷器的魅力和中国人与生俱来的瓷器情怀。在这里，精彩的故事情节便构成了小说作品的一个内在的张力。正是在这种张力里，我们感受到了作者对人性与人格的一种思考。

但是，商海暗战，一场关系到民族企业生死存亡的暗战，却把这些人的人性提高到人格以及社会人格的层次，并进行深刻的剖析。作者的笔正是从这里不断深挖下去的，不仅写出人性里的复杂性，而且力图将他们的人格放到民族企业暗战的分金炉里进行严峻的考验，分出他们社会人格的高尚、脆弱与卑下。唐国安的人性内容是丰富的。他事业心强，爱自己的妻子和女儿，对祖传瓷艺的发展充满了信心和期待。在被软禁美国后，他依然坚持自己的信念，最后历经千辛万苦回到祖国，圆了唐氏祖祖辈辈几百年来的梦想。唐国安美国妻子李思音，有着复杂的性格。她出生于台湾，一个有着奇迹般人生经历的人物，国民党大陆籍军官的女儿，美国某集团组织训练出来的国际大盗及杀手，被指派监视窃取唐国安的制作配方，后来被唐国安的爱国情操和唐氏家族祖祖辈辈锲而不舍的瓷艺精神所感染，并真心爱上了唐国安，之后她不动声色，千方百计先后帮助女儿唐小婉和唐国安脱离魔掌，并于唐氏双凤瓷艺公司开业典礼当天，在美国警方的帮助下把唐国安送上飞机后，自己单独回去面见 A 教官。经过一场惊心动魄的生死搏斗，在亲自手刃这个诱拐自己进入黑社会组织并破她处女身的恶人后，自己不幸被赶来的其他黑手杀害，她靠墙站着一动不动，眼睛一直看着前方，像是在张望祖国，张望远方的亲人。唐国安与他的美国妻子李思音都是人，都有人性的内容，尽管各自的经历不同，但在社会人格层次，他们都是一样的，都体现了高尚的人格。因为民族的发展对他们来说，只能用同一标准去衡量。而赵书贞、唐小瓷、唐小婉、程一兵、高翔等人的人格则显得比较朴实内敛，都有着中华民族的传统美德。

这部小说作品让我们看到，每一个国家，每一个时期，对每一个人的社会人格都有自己的选择。每一个人的人格，都必须经过这个社会、这个国家、这个时期的考验。因此，长篇小说《双凤朝阳》描写的家国情怀在精神上就与当前我们国家改革开放后的社会生活息息相通。当前的中国，同样是一场"实现中华民族伟大复兴，就是中华民族近代以来最伟大梦想"的"中国梦"的暗战，同样需要与其相适应的为"圆了几百年来的梦想"的社会人格，每一个人的人格同样需要接受它的考验和筛选。

在这部小说作品中，作者对人性的剖析和对人格的揭示，给了我们诸多启示，在实现"中国梦"的大潮中，每一个人都要对照一下自己的社会人格。从这个角度来说，作者在现实生活题材中注入了具有这个时代精神的观照，让我们不得不从中跳出来，不断思考着今天与明天，思考着 21 世纪的社会变革。

（原载《南昌晚报》2015 年 1 月 17 日，第 B23 版《悦读周刊》）

富有历史底蕴的时代画卷

——读张品成长篇小说《红币》

　　一部优秀的长篇革命历史题材小说，应该是一幅富有深厚历史底蕴的时代画卷。小说家也总是力图通过自己独到的艺术创作和深刻的概括描述，特别是通过小说家在创作过程中对小说作品里不同的人物性格及其相互之间的关系进行深入的描写，来展示一个时代的真实情况并展望未来的美好前景。

　　张品成的长篇革命历史题材小说《红币》作为一部反映 20 世纪 30 年代中国赣南革命苏区的作品，讲述了红军时期根据地经济建设中的一系列变革以及由此引发的矛盾冲突。苏维埃政府成立之初，蒋介石即对苏区实施经济封锁，破坏金融秩序，企图以此动摇根据地民心，摧毁红色政权。在如此复杂艰难的环境中，红军克服种种困难，不惜牺牲一切甚至献出生命去换取"诚信"，组建银行，印制货币，发展苏区经济，抵御通胀，给人民生活带来了巨大的改变，同时也在这条特殊的金融战线上与国民党展开较量，为中国革命取得胜利起到了重要的作用。

　　在国内革命战争年代，前方的军事行动直接影响着后方的经济建设，但是，后方的经济建设当然仍然在进行着。当时的苏区在国民党实施经济封锁的情况下，经济问题被突出着，在"自力更生"的号召下，组建银行，建起了造币厂，用土方法生产货币等。该长篇小说作品讲述人们或许没有太多专业的金融知识,但却凭着革命的热情和诚信于民的原则,一步步摸索前行并最终成功。作品视角独特,直击心灵,将读者领入了一个以前从未涉及或很少关注的世界。

长篇革命历史题材小说《红币》是中国作家协会 2011 年"作家定点深入生活现场"活动开展的重要成果之一。

首先,应该归功于该长篇小说作品的题材的历史性和张品成处理该题材时贯注于其中的现代思想意识。张品成对当时那个时代发展和现实社会生活提出的重大社会问题的深刻认识,以及他在深入生活现场赣南的信丰县进行创作时作为一个有使命感的小说家的勇气和胆识,是使得该长篇小说《红币》成功的一个关键性因素。众所周知,如果没有这种深入生活现场体验的认识和创作中的胆识,是无法进入小说作品的艺术创作中去的。对于深入生活现场和创作于今天的任何当代小说家来说,根据自己对社会生活的研究、体悟和认识,对时代发展和现实社会生活提出的重大社会问题做出自己的评价,都是无可回避地面对着的一个课题。回避深入生活现场,也许可以写出某些有益的小说作品,但是却很难创作出概括过去或者当前这个时代的优秀长篇小说作品。

张品成通过自己在长篇革命历史题材小说《红币》中塑造的艺术形象和讲述的历史故事,用艺术的方式对中国赣南苏区在 20 世纪 30 年代面临的金融问题做出了自己独立的回答。该长篇小说作品虽然写的是 70 多年前苏区发生的故事,但苏维埃共和国面临的金融风波和经济危机和当下是相同的,然而,当时的共产党人所采取的措施和现在有所不同,更何况他们还处在战争中,外在强敌的围困和围剿中,可他们却能把风波平息、危机化解,这是非常了不得的事情。从这个意义上来说,该长篇小说避开了写战争，但写了斗争，是以经济手段围绕苏区金融这个侧面展开的斗争。正如张品成自己所说："不要以为商战金融战只是当代的一种形态，在红军时期已经很是普遍，在这些交锋中，体现出早期共产党人的胸怀和智慧及他们的品格。"

对于定点深入生活现场进行长篇小说的创作，张品成并没有廉价地选择有很多红色遗址和故事的赣南苏区的中心瑞金或者兴国作为长篇小说作品的背景去创作一个所谓样板，而是选择了比较偏僻且红色遗址比较少的信丰作为创作的定点体验的地方。当然，张品成最后确定在信丰深入生活现场，主要还是信丰那地方较为适合题材发现和发掘。他说："初到信丰，就有人说到'长征第一仗'。我搞红军题材近三十年，'长征'的第一，有很多种提法了，'长征第一渡''长征第一关''长征第一山'甚至我还听到'长征第一锅'的说法，但长征第一仗却少有人提及，直到现在，我才知道这一仗是在信丰打的。关于信丰，我先前知道最多的是油山。项英和陈毅所领导的三年流动战争是以信丰油山为主要活动地区的。但长征第一仗，我确了解甚少。我在想，凡属第一，总归有其特别的地方。我想了解，如果可能，也通过我的笔，让更多的人了解。"

张品成在向中国作家协会汇报他的定点深入生活现场的情况时说道："信丰自古是兵家必争之地。红军在赣南根据地的五年间，信丰有些乡村一段时期一直是红白拉锯的地方。常常是一会儿红军攻过去打了胜仗插上红旗是苏区，一会儿白军又反攻过来就成了白区。我去采访时人们说起当年的那种状况，我就想，战争像一把锯子，在这地方拉来拉去，双方你来我往的，有胜有负，但在这种状态下生活的人民呢？我这人就爱钻些牛角尖。比如我想到当年那些乡民的生活情形，一会儿红一会儿白，日子是怎么过的，他们想些什么，做些什么？人际间的关系还有阶级间的关系……我问到经济情况，问到关于货币的流通问题。结果引来了一个话题，不仅只是信丰这种边缘地带的货币流通，就是当年整个苏区的金融状况都很复杂，充满了故事。"于是，张品成经过抽丝剥茧，取舍并剪裁所需的创作素材，创作了长篇小说《红币》。

其次，该长篇小说作品所表现出来的小说家的艺术准备，特别是把握重大题材和运用各种创作手段塑造不同人物性格的艺术功底是非常扎实的。如果没有这种独到的艺术创作和深刻的概括描述的功底，也是枉然且无法奏效的。在创作这部长篇小说之前，张品成已经写过几十部儿童和成人的革命历史题材长篇小说、中篇小说和短篇小说，其中长篇小说《红币》又是长篇小说《红刃》和《红药》等"红"字系列作品之一，下一步还要创作长篇小说《红碑》《红商》《红戏》等。他在进行这些长篇小说、中篇小说和短篇小说作品创作实践之后，又毅然要求到信丰深入生活现场挂点，把握题材和捕捉人物形象，包括研究、观察、体悟和剖析当年的红军故事，为他创作这部重大的革命历史题材的长篇小说《红币》做了充分的准备。从该长篇小说所反映的那段历史，读者处处可以感受到张品成对赣南苏区的研究和了解的深度。

需要指出的是，长篇革命历史题材小说《红币》主要贡献是，它提供给小说创作领域一些新的东西，也就是张品成一直坚持的创作观点："每提及苏区题材文学，很容易被人戴上固有的帽子，冠之以革命历史文学或革命战争文学，就有了某种标签或者说定义，红色和革命是当然，但战争就不尽然了。其实30年代在中国南方，有那么一群人，他们活动在罗霄山脉和武夷山脉的群山峻岭中，在那生活了7年，可以说这7年间，并不是天天在打仗，也并不时时处于战争状态，绝大部分的生活是日常状态，他们是一群由一个政党领导着的农民，生活在自己熟悉的土地上，既受着新鲜的马列主义的教育又依然在客家文化的笼罩之中。""英雄主义也并不是他们身上的唯一的品质或者说属于常态的东西，而更多的是他们在日常生活中所显示出来的生活化的东西，中华民族的核心价值观，那些中国传统文化客家文化所影响下的个人品质：朴素、勤劳、勇敢、诚信、忠实……所以，真实地反映苏区历史，反映那段历史，全面客观是前提和必须。"

至于长篇革命历史题材小说《红币》其他的一些创作特点，就不需要继续在这里一一分析了。该长篇小说写的是一个关于诚信的故事，虽然写的是30年代，但对当下有一定的社会意义。张品成珍视他在小说作品创作中的新东西和新发现，并为这创作中的新东西和新发现所鼓舞，也使得该长篇小说《红币》富于厚重的历史感，同时具有现实的社会意义。

一部优秀的长篇革命历史题材小说，应该是一幅富有深厚历史底蕴的时代画卷。小说家也总是力图通过自己独到的艺术创作和深刻的概括描述，特别是通过小说家在创作过程中对小说作品里不同的人物性格及其相互之间的关系进行深入的描写，来展示一个时代的真实情况并展望未来的美好前景。

（原载《光华时报》2015年5月15日，第4版《读书副刊》）

追求诗意美的效果

——简评张品成短篇小说《玩笑》

张品成大部分的小说作品不仅用现实主义的手法反映社会现象，而且有的用诗化的手法来写小说，一种追求诗意美的效果的小说作品，是小说作品与诗歌作品融合和渗透后出现的一种边缘体裁。弗里德曼认为："随着意识流的出现，诗与小说结合起来了。"小说家不再让事件捆绑和摆布自己的心灵，常常在小说作品中像诗歌作品那样运用情绪的流动和内心的独白，以及放射性的结构。这样，小说家思维的空间就会得到非常大的开拓，而且能自由地表现自己的旨蕴和意念。诗化的小说作品，它的抒情性的因素撑破了严密的结构框架，冲淡了原来完整的故事情节密度。张品成的短篇小说《玩笑》就是用这种诗化的手法来创作的小说作品。

在张品成的短篇小说《玩笑》里面，有两个女人，一个叫"蓓佳"，一个是主人公"诗微"的妻子。"蓓佳"因为自己多情爱上了"诗微"，约"诗微"晚上七点去闹鬼的无名坡倾诉自己的爱意。但是，"蓓佳"在梧桐树下等了三个晚上都没有等到"诗微"，在最后的第三个晚上下了一场雨，"蓓佳"被淋了个透湿，回来就得了急性肺炎，在送到医院时人就已经不行了。"蓓佳"给了我们一种"桃花揉碎红满地，玉山倾倒再难扶"的画面。"蓓佳"的爱情是仁者的爱情。爱得很坚决，一旦爱不成就把生命摔下去。

短篇小说《玩笑》里面的另一个女人是主人公"诗微"的妻子。在"蓓佳"去世五年后，"诗微"与纺织厂一位女工结了婚，是几个厂的青工代表到城里开会认识的。他们很谈得来，经过鸿雁传书，半年后就决定头喜糖了。妻子喜欢"诗微"是因为他有气质，举止得体，表现出一种深沉的内涵，有男人风度。到后来，他们有了儿子之后的几年，日子开始逐渐过得很无聊。有时候，夫妻俩吵架，一吵，妻子就提起"蓓佳"的事。时间久了，"诗微"与妻子离了婚，儿子被法院判给男方。

这两个女人，一个让主人公"诗微"背负上了薄情寡义的缺德男人包袱；另一个让主人公"诗微"背负上了喜新厌旧的陈世美包袱。于是，入党申请没通过，评工资大家的意见一大堆，厂里的人都疏远了他，并在背后指指戳戳。显得孤单的"诗微"开始怀念起"蓓佳"来，只要有空就往无名坡"蓓佳"的坟前去，这样又让厂里的人开始关心起他来。但在后来，"诗微"在"蓓佳"坟前的举动让大家不解，人们认为他太过于痴情。至于"诗微"在"蓓佳"坟前为什么那样？到底是什么原因？小说作品对此没有交代。每次"诗微"在"蓓佳"坟前想什么？以及他后来在厂里为什么只微笑不说话成为哑巴？小说作品里也没有交代。对于这些，我们读者不妨采取一种宽容的态度。主人公"诗微"一定是有某些难言之隐。事实上他是时刻惦记着自己心上人的，还惦记着心上人的痴情。"蓓佳"的爱情是痴情者的爱情，让人感觉很凄美。

这种凄美的爱情故事，使短篇小说《玩笑》得到诗化。诗化的小说，就是使小说作品具有诗意的审美目标，它或表现为整体构思上寓于诗情画意，或表现为局部的描写充满诗意。短篇小说《玩笑》，就是经过小说家张品成的精心提炼而创造的某个独特的形象和细节，以及特定的氛围和场景的描写，充满着浓郁的抒情气息，凝聚着丰蕴的哲理意味。这一类小说作品，一般不太注重叙事功能，不以小说作品中的故事情节冲突来塑造小说作品中的人物性格，而是重视创造小说作品中的情感意境。

短篇小说《玩笑》主要是凭借诗歌作品中的隐喻、象征和主情性，让小说作品的时间和小说作品中的人物心理变得交融浑然，让小说作品的故事情节淡化成富有哲理性的诗歌意境美。一般来说，有着诗歌意境美的小说作品，都具有一种从有限的形象画面，升华到无限的思想和理念的升腾力，以及一种从具体的小说作品中的人物和故事情节提高到普遍的意蕴乃至诗境的概括力。这样的小说作品，它既有生活的具体实感和美感，又具有引人思索的丰厚和博大的思想内涵。

所以，短篇小说《玩笑》不仅具有震撼心魄的激情，或漾动性灵的抒情，而且还充满了诗歌作品的基调、诗歌作品的韵致、诗歌作品的醇味等，这是小说家张品成的心灵同客观世界的契合的升华。

（原载《伊犁晚报》2015 年 5 月 15 日）

还原英雄人性的本色形态

——评张品成长篇小说《北斗当空》

　　长篇小说《北斗当空》是张品成推出的"赤色小子三部曲"中的第二部，是对当年那段历史的演绎和再现。

　　小说描写了十六个少年被编入红军的一支特殊队伍，他们组成了一支少年谍战队伍，奉命埋藏一批重要财物和机密文件。红军北上长征后，这些少年红军处于敌人重重包围之中，那些负责保护他们的营长、参谋以及成人红军全部都牺牲了。在敌人的围剿和围困下，他们与部队失去了联系。但是，为保护这批财物和机密文件，为维护红军的尊严，同时也为了生存，他们竭尽全力与敌人抗争周旋，也与大自然抗争搏斗。

　　这些少年红军每天都处于死亡的威胁之中，傅月照被大家推选为这支特殊队伍的头儿，因为他有勇有谋且做事稳重，大家都信任他，不过只有土匪出身的秦万邦不服气。虽然秦万邦一身匪气，可是由于他做过土匪，所以经验要比傅月照丰富，而且熟悉这里的山山水水。于是，在傅月照和秦万邦之间这场很可笑且又很可爱的权力之争的较量中，带领大家解决了一个又一个迎面而来的危机。没有粮食，他们就自己动手垦地种庄稼养小鸡；没有火种，他们就用最古老的"钻木取火"办法来取火种；没有医药，他们就用盐巴给伤口消炎；没有盐巴，他们冒险劫盐帮。他们吃野草，喝山泉，打野兽……他们顶住了难以想象的困难。

战争是残酷的，他们既要抵御强敌的清剿、叛徒的诱逼及自身的各种弱点，又要在与世隔绝的荒野之地用最古老的方法耕作生产。环境是恶劣的，他们没有粮食自己动手垦地种的庄稼却被一场特大的山洪给全冲毁了，但这些少年红军从未放弃，"因为他们坚信：共产党就是他们的北斗星，只要北斗当空，就永远不会迷失了道路"！

在历尽肉体和精神的极度痛苦之后，他们熬过了三年不堪回首的艰苦岁月。可是当他们重新走出大山时，却发现他们要和曾是自己敌人的人站在同一队列里。面对国共合作，"在那天晚上的仪式上，他们喝了酒。喝得豪爽！喝得痛快！喝得大醉！他们没有办法接受这样的事，他们没有办法理解为什么杀得眼红的敌人突然变成了战友，他们没有办法忘记被那些端着枪的白匪夺去宝贵生命的至亲良师挚友的仇恨，他们没有办法抹去脑海中要置自己于死地的残酷之手所带来的痛苦与挣扎，他们只能用醉酒来麻痹自己，希望睡醒之后这一切都不是真的。在冲出宴会厅的那一瞬间，他们流下了这几年不曾见过的眼泪，哭得绝望，哭得愤慨，哭得可笑……"

正如长篇小说《北斗当空》内容提要所介绍那样："这部作品，融历史和自然及风土民情于细腻的描写之中，情节曲折，故事奇特。读来能让人深深感觉到人物身上所折射出的壮怀激烈的英雄情怀。小说意蕴深沉，艺术结构复杂而和谐，语言凝练、圆熟，流畅自然，看似平淡却老到的刻画人物的深厚功底，都可谓是同类题材作品中罕见的。作品风格自成一家，有其独特的艺术魅力。"

在长篇小说《北斗当空》创作中，为了体现该小说作品的特点并显示出其鲜明的个性，张品成采用了特别注重真实性效果的新写实主义的表现手法，运用具体的描写细节和故事情节对小说作品中的人物进行塑造，以"非英雄化"的视角，从生活本真出发，以"平常心"写"平凡人"，在平常平凡中把握真实，在平常平凡中显现真实，还原英雄人性的本色形态，给人以历史的真实性和人物的实感性。尽管这样的小说作品在创作中，比去描写金戈铁马、刀光剑影、叱咤风云、腥风血雨时把握真实要困难得多，但是在这方面张品成的创作却表现得非常成功，他不仅在创作中大胆地运用地方语言，"更主要的是他在语感、节奏语言所营造的艺术氛围，甚至对小说人名的选用等诸多方面都成功地体现出浓郁的赣南历史文化风韵"。而且张品成在这部小说作品的创作中并没有描写所谓的"重大"事件，也并没有描写所谓的"重大"活动，所以，如何创作出一部优秀的长篇儿童小说作品，这就需要小说家在平凡平常中做审美观照，提炼出能否表现小说人物神韵与反映生活内涵的材料组织到小说作品中去。

"在文学精神上，以写实为主要特征，并特别注意现实生活还原形态，真诚的直面现实和人生，放逐理想，解构崇高。在题材上注重对凡俗生活的表现，大量平淡琐碎的生活场景与操劳庸碌的小人物成为作品的中心。"在长篇小说《北斗当空》作品中，这十六个栩栩如生的少年红军的形象丰满而真实，跳出了常见的那种革命历史题材小说作品中人物形象的固有模式。虽然长篇小说《北斗当空》作品中的人物形象不是那种崇高而完美的丰满，但却是平凡真实而真挚的丰满，而且这些人物形象都是极富英雄人性的本色形态的，是在小说作品大量琐碎的场景以及曲折和复杂的故事情节当中完成的，这些人物形象也并非是单一不变的。张品成在他的小说作品中，以自己对革命历史题材的"赤色小子"情节解构着并歌颂着这些英雄的少年红军，他在赣南生活的地方承载着他的感情，是那么的自然，是那么的化平凡为神奇。他在小说作品描写这些少年红军互相团结，互相爱护对方。傅月照的足智多谋，秦万邦的勇敢坚强、严明的纪律、不懈的精神和坚定的信念，在那个硝烟弥漫的内战年代发光发热，支持着他们为了革命胜利的斗争信念。

张品成还在平凡与普通中反映着人与人之间的关系。在长篇小说《北斗当空》作品中，这些少年红军对组织的忠诚和对战友的友爱让人震撼。当面对敌人的围剿和生与死的选择时，他们不离不弃；当面对环境的恶劣和幸福与苦难的选择时，他们依然无怨无悔。他们的这份坚定，这份毅力，催人泪下，这些描写于平凡普通中更加显示出这些少年红军的铮铮铁骨和伟大的人格精神。而且这三年不堪回首，与敌人不断周旋的艰苦斗争岁月，其中的欢笑与悲泪，友爱与愤恨，交织成一曲悲凉而又豪壮的赞歌，这是不管放在何时何地都具有时代意义的不朽篇章！

（原载《生活365》2015年8月；《赣风》2015年10月）

对传统思维的观照与磨合

——读张品成短篇小说《陶罐》

    张品成的短篇小说《陶罐》描写了改革开放初期的白源村一个叫"貔老倌"的八十多岁老头如何创业的故事。该作品避开了过去那种大起大落总是正面触及农村改革的常用表现手法，力求以一种新的视角为当前农村改革留下新的写照。它以贴近现实的思想搏动，浓郁丰赡的乡土气息，血肉饱满的形象突出，描绘出了一幅鲜活的生活画卷。而这一切又都是以乡情亲情编织的经纬线贯通了起来，从而在字里行间豁透得更加新颖，挥洒得更加浓烈，活脱出自己的风采。

    作为中国内陆农村一个缩影的白源村，随着改革的步步推进，罗侯两姓人家在这块古老而又充满生机的土地上走出各自新的生活轨迹。他们之间的性格冲突、亲情纠葛、价值标准、道德观念、精神状态，无一不在激烈的碰撞中异彩纷飞。这里，充溢着对新生活的期盼与奋争，也不乏深层心理的迷乱与裂变；释放出新型农民人格的升华，也毫不遮掩行为方式的某种失落。张品成饱含深情地拥抱着这块土地，寻觅、开掘、透视、超越，借助人物形象的塑造，孜孜追求在更新更深的层次上准确而传神地再现新时期农民命运的历史性变化，从而吹奏出一曲深沉而多维的社会现象，显然，这种在小说作品中的艺术追求的实现比之其他同类题材的短篇小说来另有新意，更见深度。

　　说短篇小说《陶罐》有新意，就在于它不是回避和钝化现实生活中的矛盾冲突，而是以新的观念，新的视点，对农村新的生活进行深邃而细致的体察，把艺术的解剖刀端直探入生活的腹地，活捉出那些最能集中反映和透视矛盾纠葛的乡亲邻里之间的恩恩怨怨，同时不失分寸地将这种恩怨置于时代大背景的旋涡中心涤荡。在艺术的摇曳中，把改革大潮中的冲击与驱动下的中国农村的蠕动、裂变、衍进，真实可信地呈现在读者面前。

　　说短篇小说《陶罐》有深度，就在于它没有把乡亲邻里之间的矛盾纠葛、行动分歧搭积木式地组成简单的历史画面，而是在酣畅淋漓地渲染时代投放进乡亲邻里之情核心位置的情理冲突，情感波涛，在这种极度渲染中显示各种代表人物那种融于冲突和波涛之中的心灵轨迹。

　　短篇小说《陶罐》围绕"觑老倌"在翻老屋宅基地时挖到的"陶罐"展开的。治家有方、乡邻和睦的"觑老倌"，他多年恪守道德信念在白源村是受人尊敬的。然而，随着改革开放的深化，他痛恨的"为富不仁"的早年在土改时随人去了台湾而如今在香港经商的乡邻"罗宜阁"衣锦还乡了。在这里，不能说"觑老倌"遵循的思想逻辑、道德规范是没有道理的。但是，"罗宜阁"身上所蕴涵着的重诺守信、眷恋故土、挚爱家乡、注重乡情，则是中国传统的美德。随着时代的进步，改革开放的深化，当市场机制发出强大的呼唤要人们去适应它的今天，"觑老倌"的道德信念可能会成为一种无形的束缚。短篇小说《陶罐》的独到之处正是在于通过对"觑老倌"和"罗宜阁"这两个人物形象的尊重甚至相当程度上的肯定，艺术地把冲破束缚与推动改革的相互关联尖锐地提了出来。当然，提出了问题固然可以发人深思，给人以启迪，但毕竟只是初步的。唯有进一步借助小说艺术的穿透力把读者内心激起的颤动和小说作品中烘托出来的历史前进的脚步合起拍来，才能掘进到一个比较深的层次。

最后，值得一提的是，短篇小说《陶罐》所传递出来的思想深度和社会人生哲理全然没有直露图解的痕迹。整篇作品始终调动具有匠心的小说艺术处理和恰当地运用小说创作手法来突出主题。张品成运用自己多年的生活和艺术积累，自觉地追求一种现代意识对传统思维的观照与磨合，有意在故事情节的设置等方面出奇制胜，从而形成小说作品的艺术表现力，为短篇小说《陶罐》的思想内容和表现形式追求完美创造了条件，也为读者感受到一种和谐的阅读快感提供了前提。

（原载《贵州民族报》2015 年 11 月 3 日，第 A4 版《文学评论》）

"百科全书"式的艺术"再现"

——涂国文长篇小说《苏曼殊情传》叙事分析

涂国文是历史主义小说家之一。对于文学创作，尽管他是多面手，诗歌和评论等都小有成绩，但这不妨碍他成为一位优秀的小说家。在卷帙浩繁的长篇历史小说中，《苏曼殊情传》是其中一部，作品如何，仁者见仁智者见智，各种评论都会有。但是，涂国文这种"百科全书"式并带有理性主义的小说创作手法，对于我们读者来说是否能理解？本文将试着从叙事的角度进行分析和研究，以期达到能给其他的小说创作学习者借鉴其中有益的写作经验。我想，这也是本文所期望达到的目的吧！

（一）

作为这部长篇历史小说的主人公，苏曼殊始终处在情感矛盾的中心位置，并且集中体现在他同雪梅、静子、菊子、雪鸿、百助枫子、黄莺娘等十几位才女佳人的情感关系上。简单地说，苏曼殊"在35年的人生历程中，他在情与禅、僧与俗、现实与理想、铭记与忘却之间辗转，备受着冰与炭的煎熬；在天堂与地狱中，百轮千回"。他在情感上是一种精神之恋，而且是一种无果而终的精神之恋，伤害了自己，更伤害了别人。

从小说作品叙述的角度看，很显然，苏曼殊是孤独的。正如涂国文在后记中所说："他的一生，看似热热闹闹，斑驳纷纭，可却只用两个字就能破解——'孤独'！"所有的这一切在相当大的程度上符合弗洛伊德关于"人的一生总是在弥补童年的缺失"这个观点。因此，涂国文创作《苏曼殊情传》之时就已经接触到弗洛伊德的学说，并借鉴了弗洛伊德的理论，他说："按照弗洛伊德的观点，苏曼殊的孤独，根源于他身世的'难言之恫'，根源于他'落叶哀蝉'般的命运。这种婴幼儿和童年时期爱的缺失，是他生命的'底色'，是破解他人生种种怪诞行为的心灵密码。"在涂国文这里，苏曼殊从小对爱的缺失不是先天的，而是后来出自家庭直接导致的，出生三个月生母突然离去，童年时代受尽养母欺凌，爱的缺失使得他对爱充满渴望，于是希望能通过交游四海来"寻找温暖，摆脱孤独"。但是，当他渴望的爱出现了时，他又都选择了逃避。这种孱弱、自欺、忧郁加之童年时期母亲对他抛弃的打击，造就了苏曼殊想爱又不敢爱且缺乏信任感的畸形爱的心理。这种爱在苏曼殊的人格上，始终是一个精神恋者，同时也让他成为爱的心理上的侏儒。

涂国文的这部长篇历史小说《苏曼殊情传》其实就是一部苏曼殊的情感传记，在这里，历史小说的客观叙述几乎被等同于苏曼殊自述的叙述方式所取代，虽然没有一般的传记小说难以克服的一些真实的情绪，但是其中仍然有某些虚构的成分。因此，我们不能完全把它当历史来阅读，而是把它当小说来阅读。涂国文在这部小说作品中增加了内容的可读性和复杂性，也就是作者所说的"那就是把它写成目前中国最好看的一部苏曼殊传"。按照弗洛伊德精神分析学说，这其中包裹着的内核并不是理性思维所能够表达得清楚的。看得出，涂国文在创作这部小说作品时是有意地将苏曼殊这个人物真实"再现"，而不是"塑造"，并在作品中通过他同雪梅、静子、菊子、雪鸿、百助枫子、黄鸾娘等十几位才女佳人的情感关系，多角度折射出那个本来有机完整的历史人物形象。

（二）

涂国文的这部长篇历史小说，既有自传性质的心理分析，又有对历史主义的继承与发扬，同时还渗透着理性主义的某些因素。这恰恰构成了涂国文这部小说作品的传统特色，他在作品中的真实"再现"和对史料"空白地带"的"塑造"在很大程度上来源于此。在涂国文的观点中，历史主义小说其实就是对历史的尊重，也是对历史人物的尊重。这对于深谙历史的广大读者来说，涂国文的这种将创作过程中的"真实的史实不容篡改，而史料尚付阙如的地方，却是创作者可以大展身手、应该大展身手、必须大展身手而且能够大展身手的地方"的理性主义，其实也不是什么陌生的东西。他在创作过程中捕捉"所涉及的所有历史事件，都是有案可稽的，只在细节上进行了虚构"。因此，《苏曼殊情传》这部小说作品之所以通俗易懂，读者阅读后不会感到晦涩，其主要原因就在于这种历史主义的叙述方法。

这部《苏曼殊情传》的叙述方法是一种全知全能、无所不在的讲述方式，叙述者无所不在、无所不知，直接在作品中对人物和事件进行叙述和评论。如果我们将这种叙述方式与涂国文关于这部小说创作过程及其美学追求联系起来的话，就不难发现涂国文为什么要采取这样的叙述技巧。这也确实是涂国文对这部长篇历史小说创作手法上的追求，当然，最具说服力的还应该是这部作品的本身。无论是这部长篇历史小说的人物和故事的主体，还是作品的主旨，苏曼殊作为主人公的地位总是要处在整个作品的"意识中心"上。不过，从这部小说的整体分量上客观地去分析，这是一部以描写苏曼殊风雨一生的坎坷命运为主要内容的传记体小说，讲述了"这位一代情僧、诗僧、画僧和革命僧，他扑朔迷离、落叶哀蝉的畸零身世，他袈裟披肩、风雨一生的坎坷命运，他特立独行、卓尔不群的超拔个性，他至情至性、如血奔心的浪漫情怀，他天下为怀、苍生为念的炽热衷肠，他天真烂漫、不谙世事的赤子心地；他出污不染、孤标纯洁的高尚品格，他半僧半俗、落拓不羁的奇异人生，他冷艳其外、熔岩其中的怪诞行止，他不可无一、不可有二的天纵奇才，他裁章闲澹、刊落风华的锦绣文字……"客观的内容需要主观的叙述。但是，这部长篇历史小说的主体，涂国文的着力点并不在于揭示形成苏曼殊"孤独"性格的时代及当时的社会原因等，虽然历史主义典型化的写作要求把苏曼殊放进真实的生活环境，这部小说也确实是按照生活的逻辑反映了当时的社会和生活的冲突给苏曼殊带来至情至性的高尚人格和特立独行的孤独心理上的影响。当然，如果完全按照历史主义的写作要求，涂国文在"再现"当时的生活环境方面与那些历史主义写作大师相比还具有一定的差距，做得还不够充分。也许，从主观上看，涂国文在创作的时候没有对自己提出这种与大师们相比的要求，也无意去刻意分析苏曼殊人物性格形成的生活环境和社会原因等。《苏曼殊情传》这部作品自有其独特的风格和魅力，比如对苏曼殊孤独的心理世界的客观而生动、诗意而迷离的叙述，以及相伴而来的用诗一般的语言展示的生活环境、人物细节和故事氛围。所以说，一般的内心透视的叙述，是比较有效而且必须的方法。可是，进入小说作品中的人物心理的内心透视的深度层次如何，则要取决于小说家的独特的洞察力和审美力。另一方面，还在于小说家将作品中的人物心理和故事情节得到展示作为选择叙述视角的叙述方法。从而，让读者追随这种叙述方法，徜徉于小说作品中的精彩。

（三）

清末民初是一个思想大汇集、盛产学说和革命理想的伟大时代。作为 19 世纪末 20 世纪初的作家、诗人、画家、翻译家、知识渊博的学者，以及辛亥革命运动时期最先觉悟的知识分子之一、革新派文学团体南社的重要成员，苏曼殊自然有自己对文学艺术和革命人生的独特见解，他的"作品所表现的基本思想，是同资产阶级的民族、民主革命息息相通的，是为反帝反封建服务的"。甚至形成了自己的著述学说和风格，"他的诗风'清艳明秀'，别具一格，在当时影响甚大"。"他的小说则既保留了中国小说情节曲折、故事完整、描写简洁等优点，又吸收了西洋小说注重描写自然环境、人物心理、人物外貌等长处，从而提高了小说的文学性。"而作为力图真实"再现"在这个伟大时代背景下诞生的苏曼殊坎坷一生的小说家涂国文，他的这部历史小说似乎在向我们传递着这样一个信息：这不是纯粹意义上的小说，这是一部清末民初的历史。"民国初年几乎所有的历史事件，苏曼殊都涉身其中；民国初年几乎所有的风云人物，苏曼殊都与之交情甚笃。"因此，这对于涂国文来说，他的历史主义的小说特色就是他的写作思想，而且都全部体现在他对历史学不同形式的表现之中。在文学创作领域里，涂国文是诗人、评论家、小说家，而且都有所成绩，对于《苏曼殊情传》这部长篇历史小说，他认为这是最能充分地展示自己心目中的苏曼殊的心灵史，并把历史小说的创作看作全面认识心目中的历史人物的主要手段，称其是"一部关于苏曼殊特别是关于他的情爱生活的'百科全书'，将苏曼殊一生的行藏，尽纳其中"。尽管"这在小说创作上可能是犯忌的"。在历史学与文学的关系问题上，涂国文把二者之间的矛盾称为"'犯忌'又何妨"？主张"再现"，反对"塑造"，并把在历史小说的创作中对历史的尊重和对历史人物的尊重作为其追求的目标。

对于涂国文历史小说创作的追求来说，《苏曼殊情传》无疑是一次展示自己创作理念的实践。这从我们对他这部历史小说的阅读和分析中，就已经可以切实感受到。苏曼殊是情僧、诗僧、画僧和革命僧，童年生母的离去、养母的欺凌使得他从小就失去爱的呵护。如影随形，伴随精神的损害的是他逃避情感的存在，对之视而不见，视之为是给予对方的伤害。他崇尚精神之恋和自我控制。他借文学艺术的创作成为名家。正如涂国文所说的："与其说他没有勇气接受真爱，毋宁说他正是由于早年两位母亲对他的抛弃，使得他对女人缺乏一种终极的信任感和安全感。为了不重蹈被抛弃的命运，他宁愿主动放弃。"在《苏曼殊情传》中充满了灵与魂的交融、情与情的难分、心与心的难离，雪梅、静子、菊子、雪鸿、百助枫子、黄莺娘等无一不是在向当时的生活环境和社会现象抗议，呼吁人们从情感的困窘以及道德的羁绊中解脱出来，为被压抑的人性的解放和恢复，不断奋斗和呐喊。

在这里，我们很难说得清楚，到底是"百科全书式"的小说创作限制了涂国文的小说创作才华？还是涂国文的小说创作才华得到了"'犯忌'又何妨"的矛盾启示而得以发挥？但是，可以肯定的是，在历史学和文学这二者关系问题上探索和把握生活与世界的方法中，涂国文的小说创作显然是历史性和文学性并存的，尽管具有诗人才华和学者气质的他将相当大的一部分精力投入到"最大限度地尊重历史，尽量真实地还原历史的本来面貌"中，但是在他的小说创作中"只在细节上进行了虚构"，这是他精心构造的历史小说写作思想。可以说，这部长篇历史小说从创作到出版是涂国文"不是为写一部小说而写小说，不是为出版而写小说"的这种内心搏斗的显现。因此，涂国文的这部小说出版后可能会引起一部分人对"百科全书式"的写作是否符合历史小说的创作这样一些争议，即便如此，涂国文依然不接受所谓的"塑造"的创作手法，因为他认为"塑造"出来的苏曼殊，也许血肉丰满、栩栩如生，但他不是历史上那个真实的苏曼殊，他可能只是一个顶着苏曼殊名字的一个别的什么人。所以，他不愿意将历史上真实的苏曼殊硬塞进"塑造"的形式之中。

尊重历史的真实和文学艺术的创作法则以及小说人物的主体意识，重视捕捉在创作过程中"我写苏曼殊，同时，我也在写我自己"融为一体的涌动心灵和顿悟，寻找历史学与文学二者关系问题上的和谐交汇点，在大胆"犯忌"的写作过程中创造历史学与文学在新的小说视野里融合，并给读者以艺术美的享受，等等。所有这些，涂国文的这部长篇历史小说都为其他一些历史小说创作学习者提供了可以借鉴的写作经验。

（原载《江西杂文》2015 年 12 月，第 4 期）

真实生动是细节描写的生命

——评张品成长篇小说《红巾少年》

　　张品成的长篇小说《红巾少年》是中国少年儿童出版社重磅推出的"儿童文学金牌作家书系"中的"烽火少年系列"小说之一。

　　小说作品描写了洪帮帮主家的少爷于传亮不堪忍受父亲的管束，想出去打出一片属于自己的天下，于是与父亲不辞而别，悄悄离家出走。有趣的是他把自己打扮成一名乞丐，随同带着一只聪明机灵会仿人说话的八哥。庆幸的是他在安源碰到了自幼失去父母的少年易亚福、一心想造火药烟花的胡友改以及文质彬彬倍受矿工爱戴并领导安源路矿大罢工的教书先生李哲浏……为了不让父亲找到他，他从不向别人提起自己的身份，即使遇到危险也自己想方设法予以解决。他自由快乐地生活着，在安源这块沃土上健康地成长。在李哲浏先生的领导下，安源工人大罢工如期举行，革命之火以燎原之势迅速蔓延，于传亮也在此次的安源大罢工中带领红巾少年们对大罢工的胜利做出了重要贡献。安源大罢工能够取得胜利，可以说于传亮他们功劳也不小。在血与火的洗礼中，于传亮这些孩子茁壮地成长了起来。后来，以于传亮为首的几位少年都参加了革命，于传亮也成为一名将军。

　　在这部作品中，作家不仅再现了当年安源大罢工那段历史的真实生动的细节，而且深入地剖析了在当时那种特殊环境里这群少年真实的心灵世界。在这里，我们可以真正感受到细节是构成小说作品艺术整体的基本要素之一，任何成功的小说作品，任何伟大的小说主题，任何动人的小说情节，都必须依靠真实生动的细节描写来体现。对于那些善于阐明主题思想的小说作品，总是伴随着真实生动的细节要素，并有选择性地组织一些富于特征性的真实生动的细节，适当地处理小说作品中的人物形象，从而使得小说作品中的个别真实生动的细节取得有机的联系，并具体地描写出客观事物和现实社会生活的特征来。因此，它是塑造小说作品中的人物形象不可缺少的因素，是构成小说作品中的人物形象的必要方面。如果小说作品中缺乏这些真实生动的艺术细节，就没有人物形象的鲜明性，故事情节的生动性和环境氛围的具体性，所创作出来的小说作品中的人物也只不过是泥塑木雕或广告油画。

在小说作品中进行真实生动的细节描写，如果运用在小说作品中的人物刻画上，可以使读者如见其面；如果运用在小说作品中的故事情节发展中，可以使读者如历其事；如果运用在环境氛围的描写里，可以使读者如临其境。小说家张品成在进行真实生动的细节描写中，"侧重在矛盾冲突中抓住人物情感世界的核心，凸露了他们在面临生与死、光荣与可耻、坚定与动摇等沉重选择时的个性化思想活动"。比如：以于传亮为首的红巾少年们在安源大罢工期间，李哲浏先生帮助他们建立了儿童团，他们也帮李哲浏先生和工人俱乐部不少忙。为保护组织工人大罢工的李哲浏先生绞尽了脑汁，想了许多奇思妙法，使敌人的阴谋没有得逞，红巾少年队伍中的山蛮子为保护李哲浏先生的安全而献出了他年少的生命。他们在那场生死攸关的工人运动中不断磨炼自己，受到了革命的熏陶，以坚定的意志和工人们以及李哲浏先生站在一起，最后罢工取得了胜利。于传亮在这次历时半年的离家出走中，在李哲浏先生的教导下，他学会了理解，学会了宽容，而且使他结识并拥有了几个要好的朋友。

小说家张品成在长篇小说《红巾少年》中对于传亮这些红巾少年的细节描写就是站在当时那段真实的历史基础之上的，它不仅与整体有着紧密的联系，而且符合小说作品中的人物性格发展的规律，适应小说作品中的故事情节发展的需要，因此这些描写都是成功的。小说家张品成把于传亮为摆脱父亲的严格管束离家出走并开始新的生活，与他后来参加安源路矿大罢工接受血与火的洗礼的经历有机联系起来，深刻地揭示了这群红巾少年能最终成为国家之栋梁的原因。并向我们生活在当今的少年朋友们传递出这样一个信息："不要什么事情总依赖着父母，也不要总依仗着父亲或母亲的一些特权。小说作品中的于传亮，他没有因为自己的父亲是帮主而享福，而是自己出走，在独立的生活中认识了许多很有志气的新朋友，和他们在一起成长，他感到了一种不用别人帮忙，自己十分有用的感觉！"

在小说作品的创作中，真实生动的细节，可以使小说作品中的人物性格血肉饱满而形神毕肖；但是，失去真实的细节，则会使小说作品中的人物形象支离破碎而故事情节松散。长篇小说《红巾少年》根据小说作品中的故事情节发展的需要，遵循了小说作品中的人物性格自身发展的逻辑，从当时的那段历史中提炼出真实生动的细节，成功地塑造出于传亮等一群红巾少年的典型人物形象。

最后要说的是，长篇小说《红巾少年》最感人之处就是从这群红巾少年人物中透出的人性的光辉。血与火的洗礼，改变了这群红巾少年的命运，但难以改变他们真实的少年心境与性格。小说家张品成在对这类革命历史题材进行另辟蹊径的把握和理性诠释的同时，把自己的创作情感放置到小说作品平实的叙述背后，粗看起来，小说作品的情感内敛且不动声色，但是透过小说作品粗粝结实的语言，读者仍然可以从小说作品中读出小说家压抑而汹涌的红色少年情结。

（原载《南昌晚报》2016 年 1 月 24 日，第 14 版《悦读周刊》）

辑四　报告文学评论卷

以爱感人、以情动人、以美化人

—— 简评刘勇长篇报告文学《天使章金媛》

有一种爱，它给人是丰富的、充实的感觉，像大海一样博大、像高山一样伟岸、像原野一样宽广。这是我读完刘勇长篇报告文学《天使章金媛》之后的第一感受。

《天使章金媛》这本书讲述了"出生于 1929 年 5 月 10 日的章金媛是江西省第一位南丁格尔奖章获得者。她从 22 岁开始从事护理事业，献身护理事业 60 余年。无论是在工作岗位上，还是在退休以后，她几十年如一日服务百姓，矢志不渝，不改初衷。在章金媛的影响带动下，'章金媛爱心志愿服务团'秉承'做群众需要的事、家庭关注的事、社会认可的事'这一服务理念，坚持为社区居民提供专业护理志愿服务，如今已吸引社会各界志愿者 8000 余人为社会提供公益服务超过 10 亿个小时，50 余万人受益，足迹遍布了南昌市区及周边县区 100 多个社区，并延伸至海内外"。

《天使章金媛》这本书是传记式人物通讯，既有传统的纪实散文的痕迹，又有笔记体实录的体式；作者以自身深厚的文学素养介入现实生活中的人物事件，即在原有的文学功底的基础上注入纪实意识而使这部作品既具有文学性又具有报告性。看得出，这部长篇报告文学的素材虽然并非作者亲身经历，但却是作者亲闻并经过采访和调查，然后精心筛选而获取的。应该说，作者在撰写这部长篇报告文学时，纪实意识自觉而强烈，并把这种意识融入自身的文学素养，从而使得这部作品作为人物报告出版而又具有一定的艺术性。

这部长篇报告文学的构思虽然没有什么与众不同之处，但作者力图在平常中见不平常上颇费心思。第一章，先以"天使的梦想"从章金媛的身世切入，从小"她就是一个梦，晶莹剔透，如诗如画，像一片雪花，轻轻地洒落在赣都大地"。第二章，以"天使的翅膀"讲述章金媛作为江西省高级护士学校第十二届毕业生，终于走出校门，成为一名真正的专业护士。第三章，以"天使的怀抱"报告了章金媛经过在外两年漂泊不定的生活之后，终于在1951年从香港回到祖国的怀抱，然后投入到属于她的护理事业。第四章，以"天使的情怀"讴歌了章金媛舍小家为大家的感人故事，作为护士的领头人，"她的存在，仿佛是一片雨后复苏的土地，无时无刻不在盛开着瑰丽的花朵，生长着茂盛的草原"。第五章，以"天使的磨难"陈述了章金媛被划成"有'资产阶级思想'的护士长"并下放兴国县山里的茶园村时，仍然坚信自己的护理事业的道路是悠长的。并用常挂在嘴边的"我们要把毕生的心血和精力献给护理事业，我们要去热爱自己的事业，要充满关怀"这句话激励自己。第六章，以"天使的命运"痛述了章金媛在"文化大革命"开始后，被作为"国民党特务"抓起来批斗、住"牛棚"，但她的"那个梦也都还在，梦是可以延续生命的"。第七章，以"天使的风采"抒写了章金媛重新回到护理岗位穿上护士服的"那种久违的感觉好似初恋般甜美"的心境。"忘记过去迷离的岁月，全力以赴走向只属于她的人生舞台。"第八章，以"天使的光芒"小结了章金媛在护理岗位上所取得的骄人业绩。正因为她把全部精力都奉献给了自己钟爱的事业，所以她也错过了许多本应该属于她的风景，尽管人生有缺憾，但她看得更远。第九章，以"天使的心愿"赞美了章金媛退休后，仍然致力于她喜爱的护理事业，并成立了"志愿护理服务中心"服务于社会、服务于社区，让自己晚年的生命更有意义。最后，在第十章，以"天使的童话"张扬了章金媛在 86 岁高龄时还坚守在护理岗位上的博大而崇高的情操。作者赞美道："她是天使，天使是不会老的。"在这些篇章里，作者艺术地再现了天使章金媛的博爱以及献身于护理事业的历程。

《天使章金媛》这本书的主旨在于讴歌博大而崇高的传统美德，呼唤我们这个时代更加美好的道德品格，引导我们这个社会充满爱的温馨。如果说这部长篇报告文学只是以通过传统美德的简单生活事件中的情节来铺陈，或者是借助空洞的语言说教来灌输的话，那么，就算这部作品的立意是积极的，但是能留给我们读者的东西就会很难有深厚和淳朴的感动。《天使章金媛》这本书的作者深谙这一点，用作者刘勇的话来说："他用尽可能平静的语调讲述这一切，他不希望用更多的油彩，去妆饰一个赤诚高贵的灵魂。"因此，他十分注重将讴歌与呼唤、讴歌与引导牢牢地建立在爱的挥洒、情的张扬和美的凝聚组成的坐标上。抒发和张扬情感本来就是文学艺术表现上的一种优势。刘勇在《天使章金媛》中更是倾注全力捕捉生活中的典型事件和生活细节，来为"爱心"的播撒、"情感"的喷薄、"美德"的张扬提供内在的因子和外部的动力，在"爱心""情感""美德"上做足了文章。整部作品，令人感人的细节借助爱的挥洒，结构设置立足情的张扬，主人公描摹捕捉美的焦点。以爱感人、以情动人、以美化人，成为这部长篇报告文学抓扣读者的中枢，抒写汇聚成一部情感色彩浓郁厚重的社会和谐，活脱出作品的主题思想，透溢出感人肺腑的美德力量。

在当前，弘扬"人人助我，我助人人，让生命在奉献中闪光，让社会成为更加和谐、幸福的快乐家园"的这种中华民族传统美德是践行社会主义核心价值观的重要组成部分之一。社会在热切期盼正能量的文学作品，这不仅是时代的需要，更是读者的需要。《天使章金媛》这本书所传递出来的这种博大而崇高的传统美德，让人向往、让人纯洁，就像蓝天上的阳光、春季里的清风一样，把人引向一个优美的人生境界。

（原载《南昌晚报》2015 年 11 月 1 日，第 14 版《悦读周刊》）

在审美提炼中的思索

——读温燕霞长篇报告文学《大山作证：江西省移民扶贫纪实》

长篇报告文学《大山作证：江西省移民扶贫纪实》是一本好书，一经出版就在社会各界产生了较好反响。

这部长篇报告文学作品以散文的韵致写成，全方位、多角度，深度地反映了江西移民扶贫工作，透现出丰富的感情色彩。作者以细腻的观察，对貌似平常的生活现象进行审美提炼，并进行社会学的思索，使得这部长篇报告文学作品以艺术的品位显示出震撼人心的光彩。

作为长篇报告文学作品，作者以"几十万山区农民迁出深山，住上新房。他们不用再防备野兽毁坏田里的庄稼，他们不用再担心栽种在那峭壁上的红薯滚落悬崖，他们不用再担心孩子能否安抵学校，他们不用再担心子孙后代重复自己的生活……他们走出了大山，获得了新的家园，党和政府更帮助他们学习技能，发展生产，给予他们生活的保障和希望。那一刻，他们因为幸福满面笑容，那一刻，他们因为感激热泪盈眶，那一刻，为了他们的幸福而努力的我们同样激动不已，那一刻，是永恒"。为创作背景，记叙了她深入移民扶贫一线的一路见闻。

这部长篇报告文学作品共分七章，每章又由可以独立成篇的短章构成，连贯而成了报告江西移民扶贫工作的全景的长卷。分别从"失衡的天平""达摩克利斯之剑""摸着石头过河""艰难的进程""扶贫干部好作风""走进新生活""移民扶贫的江西模式"这几个方面"为我们呈现了一幅宏大壮丽并动人心魄的历史画卷——这是一幅时间跨度将近 10 年、空间范围横跨 16 万平方公里，涉及人数达 30 多万的家园迁徙图"。

作者的义笔不拘一格，在挥洒自如中显得深沉凝重。记录着山区农民诉说的过去的苦难，也报告了山区农民经过扶贫后开始的自由幸福生活。作者首先以悲惨的"死亡滑坡"进行开篇，把山区恶劣的自然条件、频发的自然灾害、滞后的基础设施真实地呈现在读者面前。长篇报告文学《大山作证：江西省移民扶贫纪实》这部书，也就是要把作者所了解的情况如实地告诉读者。作者所要告诉读者的不是山区局部景象，也不是所固定的一种现象，而是整个山区全景式的农民生活情况，是正在发生于山区的那些动态的事实。作者以这部长篇报告文学作品撩开了"移民扶贫工作"的面纱，在历史与现实的交汇点上寻找感觉，在所经历之处追寻民风，发现并写下了山区农民的真善美和他们生活贫困的事实。

作为读者，我们所要了解的是真实的山区农民生活。作者在这部长篇报告文学作品中真实地予以了反映，并把真实放在平凡、普通中去做探究，或者用另一种说法，只有在平凡、普通中才更能体现出真实。在这部长篇报告文学作品中，作者于平凡和普通中进行了审美观照，而且在组织作品中提炼出了能表现人物神韵与反映生活内涵的材料。作者在这部长篇报告文学作品中所用的材料是平常生活中再普通不过的，但作品中人物的韵致却表现得那么生动，人物的形象，就在这笔墨的勾勒中显现出来。

同时，作者以自己的感受描写着山区的农民生活，深处在山区里，气候条件差，农民出门要预备一双雨靴，一双鞋子。雨靴走泥巴路，鞋子走沙子路。这里的生产资料和生活用品都得靠肩挑担手提，出去办点事也得两头摸黑。山区的农民都不愿住在这里，很多年轻人都出门打工赚钱，以便离开自己的家乡，离开这穷苦的山村。作者以此为载体进行情感抒发，使这部长篇报告文学作品具有了震撼效果，具有了生命的律动。

应该说，作者在这部长篇报告文学作品中所表现的社会思考，是更贴近生活的，但不以平面地反映生活为满足，而是放眼过去，从过去生活的历史高度引导着读者认识现实。作者对"移民扶贫工作"的思索，把笔触伸向更深的层次，提出了交通不方便、环境恶劣、人口减少、农民增收难等一系列问题。这部长篇报告文学作品描绘了"一幅宏大壮丽并动人心魄的历史画卷"，力图挖掘产生贫穷的关键的更深刻、更广泛的社会根源，从中找出症结所在。而且，作者的主体意识所显示的价值取向，也在这部长篇报告文学作品中汇合为全景式的社会学视角所进行的社会学思考。

（原载《光华时报》2016 年 11 月 18 日，第 4 版《读书副刊》）

健康中国的一个缩影

——读蒋泽先长篇报告文学《守护生命的路》

新中国成立后的社会主义建设包含着健康中国的建设，这建设一直都在进行着，只有起点，没有终点。对健康中国的建设情况，也有报告文学作品在不断反映着，其中包括最近由江西科学技术出版社正式出版发行的蒋泽先撰写的长篇报告文学《守护生命的路：健康苏区行》。蒋泽先 1970 年以前就在赣州工作，当时他的足迹几乎遍布赣南十八个县的公社卫生院以及村级卫生所，赣州也是他的故乡，有着他不老的梦，这些都可以在他的报告文学作品中读到。

《守护生命的路：健康苏区行》共分四章，每章三节，每节由若干可以独立成篇的文章组成。作者以四十五年前的工作经历以及妻子病逝后三去赣州，两去于都采访之行的见闻写下了这部长篇报告，据他自述："我感受过农村卫生工作的艰难，崇义县的过埠、赣县的韩坊桃江、安远县三百山、宁都的梅江常在梦里。后来我又去了兴国县、瑞金县（现瑞金市）、大余县、广昌县、上犹县等地。到龙南参观围屋，到信丰县登油山……赣州是我的故乡，不老的梦。早就想写赣州，以报答给我青春放飞的地方。"

从蒋泽先这部长篇报告文学作品中可以了解到，"没有全民健康，就没有全民小康"，特别是他的妻子病逝后，他感慨道："健康真好，健康可以承诺我们白头到老，可以承诺我们走进百年。没有了健康就没有了一切。"

在报告中，作者写下了所到之处所了解的村卫生所、乡镇卫生院、市县人民医院三级卫生网建设以及农村基本卫生保障的发展情况。他所写的这些也都是以具体的事例来报告的，比如关于村医，在宁都县湛田乡新田村卫生所，有村医胡心平的先进事迹，"这么一个小村，这么一个默默无闻的村医，在1993年被评为，'全国优秀乡村医生'。在以后几年，他连续被老百姓推荐为'赣州好医生''中国好人'"。在永丰县中村乡梅仔坪村卫生所，有老村医余元芳和年轻村医余和平的感人故事，为了能让偏远的村卫生所有人接班，老村医余元芳劝儿子就读永丰县卫生学校，并要求其毕业后必须放弃可以留在镇卫生院工作机会回村为大山里的广大村民服务；在兴国县南坑卫生院，有副院长朱侣彬医师成长成才的经历；还有上犹县水岩乡龙门村村医陈永林等人的故事。关于乡镇卫生院，在崇义县扬眉镇中心卫生院，有一专多能女医生杨小梅二十年如一日地日夜坚守在自己岗位上的故事，从她身上让我们看到了乡镇卫生院的坚守与奋进，看到了新一代乡镇卫生院医生的全新与全科；在赣县湖江镇湖新卫生院，有全科医生林茂华如何为老百姓医治各种病症的故事等。对于基层乡镇卫生院院长们所走过的路，作者报告了谢光伦、邓椿桥等人如何建设健康乡镇的工作经历。关于市县医院，作者以赣州市人民医院妇产科副主任徐敏娟副主任医师、兴国县中医院急诊科主任刘季平和黎昌茂两位医生、兴国县人民医院妇产科主任赖慧超副主任医师、大余县人民医院内科主任钟石生、石城县人民医院医生陈东方、定南县第一人民医院外科主任张少波副主任医师、赣州市南康区中医院儿科主任蓝瑛、信丰县人民医院眼科主任郭金林、会昌县人民医院五官科医生郭敏飞、兴国县医院眼耳鼻喉科主任丁勇等人为患者治病的亲身经历，详细地报告了他们为健康苏区所做出的辛苦努力以及付出的辛勤汗水。

在赣南，对于国家实行的新农合，作者记下了该政策如何解决农民"病不起""看病难"的问题，并以赣南石城县大由乡病人温秋菊、赣南安远县病人唐火生妻子、赣南于都县葛坳乡病人朱桂香等患者治疗疾病的故事，动情地报告了她们从当年由于没钱"病不起""看不起病"到后来实行新农合之后患者基本无须支付医疗费用的转变过程。对于优质的医疗资源的全覆盖，作者又以具体事例详细报告了赣南人民如何"栽好梧桐筑好巢"引进人才的，等等。

蒋泽先在这部长篇报告文学作品中记录了一路所听到的故事，也记录了自己对健康苏区行的诸多思考。当然，虽然是思考，但更是期待："希望十年以后，二十年以后百岁寿星与年俱增，他们享受健康素养，见证健康素养。健康中国建设就是为此而生，为此而建。"

应该说，《守护生命的路：健康苏区行》这部作品，作者的文笔清新活泼，以不拘一格的笔调写出了一个建设中的健康苏区，这健康苏区其实就是健康中国的一个缩影。作品所报告的健康苏区的建设是比较全面的，里面很多具体的事例都写得比较生动，而且每个事例之间的衔接也比较自然，如果不是注明为报告文学，很容易被人认为是属于纪实小说的片段，这是作者在这部作品中写人写事的一个特色。当然，这是因为生活本身就在为作者提供着这样的一个创作角落，这个创作角落已经在集中地反映着现实中的生活。

（原载《光华时报》2017年6月23日，第4版《读书副刊》）

辑五　学术专著评论卷

一部研究萧红的学术专著

——读叶君专著《萧红与生命中的他们》

批评家叶君的最新学术专著《萧红与生命中的他们》近日由中国社会科学出版社正式出版。这部著作的正式出版，是他的又一学术成果的展示。对这类的学术著作，外界肯定会有一些争议，但存在争议也是很正常的。所以，作为读者，不管外界是怎么评价？是怎么争议的？我们在阅读的时候，一般以是读者的角色进入的。

叶君对萧红这个选题的研究，已经具有一定的系统性。从2009年出版的第一部研究萧红的专著《从异乡到异乡——萧红传》到2010年出版的第二部研究萧红的专著《萧红图传》，再到最近出版的第三部研究萧红的专著《萧红与生命中的他们》，已经在学理上形成了一定的系统性。对于自己的研究领域形成系统性，往往就意味着研究者在学理上基本上找到了自己，基本上具有一定的大手笔和话语权。因为研究成果系统性的形成，乃学术生命逐渐趋于成熟的标志之一。同时，也体现了著作者叶君能站在一定的学理高度，俯察学术研究现象，探讨学术研究规律，建立起自己的学术研究成果体系。

叶君对《萧红与生命中的他们》这部专著是从研究主体入手，首先铺陈了萧红与家族的关系，接着论述了萧红与萧军、与鲁迅、与端木蕻良之间的关系，在运用材料铺成并进行逻辑推演之后，又水到渠成地进入到阐述自己对萧红的认识和理解。应该说，叶君是在按照主体研究的脚印安排体系的逻辑进展，逐步形成一个理性与现实基本吻合，既自在自为又具备开放形态的学理研究构架。这是一种由研究主体到客体、由内而外的体系。

从整体上看，《萧红与生命中的他们》这本书作为研究萧红的一部学术著作，著作者叶君对研究主体的艺术感受力、逻辑推理力和推想力，以及知识结构、思想水平和对研究材料的把握能力等诸多方面，都有着他自己比较准确的论述和比较精到的展现。而且整个体系框架都比较充分地体现了著作者对研究主体的高度重视，他的艺术感知、艺术直觉和艺术联想，让这部学术著作的论述形象而深刻，便于普通阅读者迅速进入阅读状态。

叶君的这部学术专著《萧红与生命中的他们》还有一个主要特色，那就是著作者把全部重心放在"梳理一个民国女作家的情爱往事，力图触摸心灵，澄清讹误，解开谜案"上。该专著不仅详细论述了著作者"对萧红，以及给予她温暖、尊严、伤害的男人们的认识和理解"，而且从研究层面表达了著作者叶君自己对学术研究境界的追求，这也是这部学术专著的重要价值之一。同时也展现出了著作者叶君比较宽广的知识面，敏锐的眼力和比较深的洞察力。

（原载《南昌晚报》2015 年 5 月 31 日，第 15 版《悦读周刊》；《光明日报》2015 年 5 月 31 日，《滚动读报》）

公安文学的理论创新

——简评王晓琳专著《警察美学的生命话语：公安文学研究》

　　青年批评家王晓琳的学术专著《警察美学的生命话语：公安文学研究》近日由中国社会科学出版社正式出版。该专著的正式出版，对于公安文学研究意识的觉醒有着重要的意义，这也是公安文学研究的一项重要学术成果。在公安系统，现在大家越来越深切认识到文学大鹏要翱翔，必须要靠创作与批评这双翅膀，而且要形成良性互动。

　　《警察美学的生命话语：公安文学研究》这部专著作为全国公安文联 2014 年度"琴剑丛书"之一隆重推出，显示出全国公安文联开始重视公安文学的批评与研究，因为在此之前关于公安文学研究的专著几乎还未出现。现在，我们可以高兴看到，王晓琳的这部研究公安文学的专著终于问世了。似乎可以这样说，这部专著是全国公安文学研究领域的开山之作。这是一个"第一"。而且是公安文学研究意识觉醒以来，具有开拓性的研究成果，是值得全国公安文联注意的新的理论现象。另外还有一个"第一"，王晓琳在这部专著中首次提出了"警察生命美学（哲学）"这一概念，这是一种理论创新，同样也是一种开创性的研究成果，在国际警察学的人文领域亦属首创。它的意义在于王晓琳敏锐地抓住了公安文学现象，推动了公安文学的创作与创新，也推动了公安文学研究的学术进展。当然，他的这种新的理论的提出，并不是空穴来风，而是来自对历史与现实的认真研究，对公安文学的认真思考。

从全书整体上看，《警察美学的生命话语：公安文学研究》这部专著按照公安文学研究的理性逻辑与历史发展相统一的原则安排章节。著作者首先从历史与现实的维度上论述了现实主义与历史话语、战时思维在公安文学中的表现、特定时期的创作模式、公安文学艺术的范畴与边界、历史理性与生活感性、20世纪80年代的"生活流"与审美心态、公安文学艺术演进，以及公安文学与历史的深层讨论等，然后深入分析了张策、石钟山、杨永超、海岩、孙红旗、聂鑫森、陆石、文达、李迪、余华、陈建功、魏人、彭祖仪、程琳、谢宗玉等人的作品，接着重点研究了公安文学艺术结构图式、法制文学的担当——对法哲学的引入等，在具体阐述公安文学艺术分析和研究的选择与运用有关问题之后，又简要论述了进入21世纪的张策的新写实小说及几个公安作家的文学创作。因此，这部专著是一个由一般到特殊、由外而内的系统，并具有从理论阐述到现实指导的内在结构。

从这部著作中，我们可以感受到著作者对研究主体的艺术感觉和艺术联想等能力比较强，给人以比较深刻的启迪。我想，这从另外一个层面上体现了著作者对现象世界的深切感悟，因为没有丰富的艺术感觉，仅凭一些理性认识和逻辑思维，不可能写出这样的一部专著。他对公安文学的批评与研究，也就不会给人以深刻的印象。这也是一个优秀批评家所具备的素质。

《警察美学的生命话语：公安文学研究》这部专著还有一个最显著的特点，著作者在行文上与其他学院派的学术著作有着明显的不同，由于王晓琳个人的体悟能力比较强，而且他的思维是跳跃性的，所以他在行文的时候，文章多段落，语言多短句，或繁或简，或详或略，阅读起来会有一种节奏感，这样的行文犹如散文诗般的洒脱与奔放、含蓄与隽永。不刻板，不八股，便于读者朋友迅速进入阅读状态。

公安文学研究的路还很长，王晓琳的《警察美学的生命话语：公安文学研究》这部专著具有开创之功，但毕竟是铺路之作，公安文学还有很多领域需要去开拓、很多问题需要去研究。我们相信，随着公安文学的发展和王晓琳这些有志之士的不断努力，会有更多更好的综合各家之长的公安文学研究专著问世。我想，这也是公安文学创作者和研究者共同的心愿！

（原载《南昌晚报》2015 年 8 月 23 日，第 14 版《悦读周刊》；《光明日报》2015 年 8 月 23 日，《滚动读报》；《江西晨报》2015 年 8 月 23 日；《中国作家网》2015 年 8 月 24 日）

一部具有实践操作价值的书

——评李松云专著《37 度叙事》

自改革开放以来，我国的新闻事业得到了迅猛的发展，也取得了瞩目的成绩。报纸、期刊、通讯社、广播、电视和互联网等新闻传播媒介日趋多元化，传播的手段也日趋现代化，特别是互联网的迅猛发展，让"地球村"已经变得越来越小。新闻传播事业的发展对世界政治经济和文化的影响已经变得越来越大。

进入 21 世纪，新闻采访、新闻写作、新闻策划等方式和技巧，也随着时代的发展而不断创新。当然，它们也必然要涉及对新闻报道活动本身的探索，不可避免地改变原有的新闻写作的一些方法和技巧。因此，为了适应新时期新闻事业发展的要求，不断创新的新闻策划开始显示出其特有的传播价值，也备受青睐。但是，在发展的过程中必然会出现许多新的情况、新的问题和新的考验。比如"如何防范假新闻，杜绝政治差错"等。这样，在建立联系国内外大量新闻事实的基础上，如何认识报媒，怎样做好新闻宣传，自然就成为摆在广大新闻工作者面前的一大课题。这个大课题，急切呼唤新闻理论界从实践和理论上给出一个满意的回答。吉林文史出版社出版的李松云专著《37 度叙事》一书，从报媒人的角度，紧紧围绕这个大课题，以深邃系统、条分缕析的阐述，较好地解决了新时期一系列新闻理论认识问题。同时，又"对纸媒是否即将消亡、报纸未来发展趋势和新媒体存在的问题进行了大胆剖析"，堪称是一部兼具新闻理论色彩和实际操作价值的好书。

经过通读《37度叙事》这部专著，从整体上看，是一部理论与实践相结合得比较好的书，虽然实践操作色彩比较浓，但也具有一定的理论色彩，而且这些理论都是通过实践提炼出来的，因此可操作性比较突出，具有广泛的适应性，这些是该专著传递出来的几个鲜明的特点。撰写这样一部专著，需要有扎实的新闻写作实践经验，也需要对社会各方面最新发生的新闻事件有敏锐的判断力，以及对事件的全面了解和深入挖掘。

这部专著是在宏观思考的基础上，从整体去论述新闻工作的，可见作者是重于整体把握新闻工作及其采写稿件的。然而，其探讨的角度、层面、内容则不同，这样新闻工作者就会有立体感，新闻稿件的丰富内涵就得到挖掘。作者整体分析并非空对空，而是建立在微观审视的基础之上。他立足实践，含英咀华，深切感悟，认真剖析案例；旁搜远绍，先占有翔实的材料，后加以严格甄别，去伪存真。这样就保证文章论据正确，论证有力，结论就比较科学。

这部专著不仅体现了作者较强的独立思考能力，而且也体现了作者驾驭新闻材料的思维能力。作者对自己多年来在新闻工作一线中掌握的大量材料，加以归纳整理和总结分析，建构出自己的研究成果，提出自己的独到见解。从而使得书的内容不肤浅、不随意、不零碎。如第一章论述"采访的学问"，作者在肯定了采访有技巧之后特别指出了没有理论基础同样也可以做记者，但前提是要肯吃苦、善学习，从实践中进行总结。科班出身的新闻工作者在新闻单位工作肯定是优秀的，因为他们已经有了理论基础，但在很多新闻单位做得优秀的新闻工作者并不一定是科班出身的。这缘于做一个优秀的新闻工作者，科班出身有一个好的基础，但要实现自身职业能力的真正提升，必须经过大量的实践经验的归纳和总结。这样，当论述的落足点归结到实践经验的积累和不断学习纳新的基本要求上来时，读者受到的启迪，便容易萌发一种水到渠成、顺理成章的感觉和思绪，很自觉就会遵循该专著作者的论述脉络循序渐进。进而，该专著又以十五章六十三个小节的格局，再从"采访作风决定媒体深度""新闻的王冠""舆论监督的诱惑""策划制胜""不走寻常路""带着体温做新闻""'偏心'的公益报道""市委书记'三顾茅庐'""别拒绝文学""如履薄冰""问题新闻""新闻危机公关""报纸何去何从""新媒体陷阱"等若干方面，强化论证，反复剖析，纵横对比，为增加整部专著的理论与实践相结合的色彩，挖掘理论与实践相结合的深度，注入了浓墨重厚彩的一笔。整部著作可读性比较强，行文也比较流畅。

这部专著所取得的成绩，表明本书作者李松云先生对新闻工作付出的辛勤劳动和孜孜不倦的求学精神，值得广大新闻工作者学习。专著中虽然有些地方需要推敲，但仍然值得从事新闻的工作者和研究者阅读与参考。

（原载《呼和浩特晚报》2016 年 6 月 30 日，第 16 版《百灵读书》；《地铁报》2016 年 6 月 30 日，第 14 版《云阅读》）

当代江西史研究的又一重要成果

——危仁晟主编的《南下》《南下（续集）》读评

　　江西是新中国成立以来"南下干部"驻扎的重要省份，是红色革命的摇篮。作为革命老区，各方面的建设相对其他省份来说要落后些，因为江西大部分地方都属于偏远山区，交通不便，经济基础薄弱，科技教育水平落后，经济发展一直滞后。于是，革命胜利后，在"南下干部"的努力和社会各方面的帮助下，江西的社会主义建设事业有了很大的发展，人民的生活水平有了不同程度的提高。可以说，这些"南下干部"为社会主义革命和江西的建设事业做出了巨大的贡献。"南下干部"革命斗争和建设的丰富经验，以及在江西孕育和形成的革命传统，已成为中国共产党、中国各族人民取之不尽的宝贵精神财富。因此，长期以来，江西需要一部能够全面、翔实、鲜明地反映"南下干部"在红土地工作和生活的历史专著。关心江西各方面建设的读者也热切期盼这种能同奠定一个崭新的国家和一夜让世界震惊的历史相称的书籍问世。近年来，由当代江西史编辑委员会"南下干部"课题组编纂、危仁晟先生主编的《南下》以及《南下（续集）》两部厚重的历史专著的先后出版，填补了这个空白，满足了大家的愿望。应该说，他们不仅是对研究当代江西史立下了汗马功劳，而且对整个江西各方面的建设做出了一份重要贡献。

1994年，江西新政府刚建立，一切都百废待兴，面临许多的新问题，当时最需要的就是干部，急需有管理社会公共事务经验的干部。当时，从东北等地随军南下江西的干部有1.3万人左右，后来长期留在江西工作的南下干部有8000人左右，这是一个比较庞大的队伍，他们分散在江西的各行各业，支持江西的社会主义建设。作为一部历史书籍，如何做到全面、完整、翔实、系统而又重点突出地叙述这段历史，这是一件比较难的事情。所以，这就需要当代江西史编辑委员会"南下干部"课题组精心策划、精心编纂了。《南下》以及《南下（续集）》两部历史专著正是基于以上原因，牢牢把握住了自己的思路，从而形成了本书的鲜明特色。

（一）

这是两部比较全面介绍南下江西干部的历史专著，对于介绍江西，宣传江西，弘扬江西的优良传统，推广"南下干部"在帮助刚刚解放的江西党政机构清除匪患和各方面建设所取得的成功经验，以及引起社会各界对江西建设的关注，帮助海内外人士了解江西、参与江西的建设有着十分重要的意义。同时，此书的出版也将会产生深远的影响。

应该说，《南下》以及《南下（续集）》这两部历史专著的编纂是以马克思列宁主义、毛泽东思想和邓小平建设有中国特色社会主义理论以及"三个代表"、科学发展观为指导，有关的历史问题，均是以党中央的《若干历史问题的决议》为依据；宣传了"南下干部"在革命战争年代与和平建设时期在江西发挥的伟大贡献以及他们的优良传统和作风，为进行传统教育提供了生动的教材；总结了"南下干部"在江西经济、政治、文化、教育工作等方面积累的成功经验，介绍了"南下干部"在江西建设过程中的优势、潜力和发展变化，反映了"南下干部"在江西建设过程中坚持不懈地解决发展过程中遇到的困难和出现的问题等。

《南下》以及《南下（续集）》这两部历史专著真实地反映了南下干部当年的工作和生活状况，及时传播了当时社会现实的切身感受。作为历史的见证人，比如出生于黑龙江省阿城县（现为哈尔滨阿城区）的"南下干部"傅文仪写的亲历记《南下江西工作的岁月》，以及出生于吉林省磐石市的"南下干部"杨永峰写的亲历记《南下以后在江西工作的日子》等，叙述了他们自 1949 年随军南下到江西，然后扎根于江西 60 多年的工作和生活的经历。当然，一篇几千字或者几万字的文章不可能全景式地把这 60 多年的工作和生活经历详细地反映出来，但是对一些重大的历史事件和重要的情况，文章中基本上得到了真实的记录。比如傅文仪的亲历记《南下江西工作的岁月》分别从他的"南下之路""天津分流""九江成长""在修水工作的日子里""'文革'动乱时期""在改革开放的大道上""余热未尽'离而不休'"等方面把在江西的这 60 多年里经历的重要事件进行了比较系统的叙述；而杨永峰的亲历记《南下以后在江西工作的日子》则以大事记的方式，但又有别于大事记的简单，按照时间顺序比较详细地记录了自己在江西的这 60 多年里发生的重大事件和重要情况。在这里，值得一提的是，杨永峰在他这篇几万字的亲历记《南下以后在江西工作的日子》中，还对自己的工作和生活进行了小结和反思，肯定了自己的优点和取得的成绩，反思了自己的缺点和存在的错误。这些内容可以供大家参考、促大家警醒、催大家思索。

作为读者，我们在这个科技快速发展的信息时代，阅读这样的历史专著，往往是怀着迫切而热烈的心态去了解过去那段历史的信息和对过去时代变化的新的见解。可以这样说，《南下》以及《南下（续集）》这两部历史专著从一定程度上反映了当时人们普遍关心的同社会息息相关的社会问题和现实事件，所以阅读起来也容易引起读者的关注，使得读者不但在书中收录的这些回忆性的文章里满足自己认知欲，也获得了对现实情感进行宣泄的渠道。于是，在《南下》以及《南下（续集）》这两部历史专著中，能够满足在理解中平衡世事的变幻或者生活的烦琐以及变迁等带来的一些烦躁不安的心理需求。

（二）

从《南下》以及《南下（续集）》这两部历史专著本身来看，收录的"课题研究"（学术论文）、"历史文献"（中共中央文件与中共江西省委文件），以及"亲历记"和"人物与回忆"等回忆性文章具有高度真实的特点，具有反映当时社会的客观现实生活自身所提供的事实和所蕴含的特有的本质。所以，书中的这些文章既具有史料价值，又具有文学价值，而且具有可信性、形象性、文献性、思辨性等独特的美学价值。

这些文章关注的都是当时社会生活中的一些重大的历史事件和重要的情况，因而透露的信息也更加全面、更加丰富、更加深刻。比如《南下》一书中收录的文章：李臣在他的亲历记《南下江西的经历》记录了自己在南下江西的途中乘坐"江汉号"轮船前往九江时，遭遇国民党飞机两次轰炸的重大事件，和驻扎江西后如何开展剿匪反霸斗争、减租减息、收回地契等重要工作经历，以及自己的工作经验及做法；马世麟在亲历记《1949·抚州》中记录了自己在江西抚州新政府建立后，如何整顿秩序、安定民心、平抑物价、清剿匪患的工作经历，特别是比较详细地记录了清剿并处决临川的傅培兰、崇仁的汪兰、南丰的李斌和邹富成、资溪的曾阜九、金溪的向理安等匪首的重大历史事件，这些匪首不仅杀害新政府干部，更有甚者还纠合闽西及赣东匪徒数百人于 1950 年正月初四午夜攻打资溪县城；张涛在亲历记《三大战役定乾坤千军万马下江南——忆1949 年东北南下干部到江西》中以"选拔干部准备南下""登上山海关眺望南方""蚌埠轻装支援三野""进驻南京枕戈待命""'坐炮弹'到江西红土地上扎根""丰功伟业永留江西"等篇章记录 1949 年前后自己南下江西的经历；姜亦仁在亲历记《南下江西时的片段回忆》中以"党中央的决策""我参加南下干部大队的经过""艰苦的南下征程""从东北老乡到江西老表"等篇章回忆了自己南下江西的经历；赵德惠在亲历记《为新中国而歌唱——忆吉林省南下江西干部大队政治部宣传队生活片段》中，用散文随笔的手法以"一支特殊的小分队""松花江畔的歌声""告别白山黑水""向着南方前进""解放歌声响连天""到达目的地"等篇章抒发了当年随军南下江西的光荣与自豪感；张允升在亲历记《从黑土地到红土地》中以"浩浩荡荡的南下干部大军""轰轰烈烈的剿匪反霸和土地改革运动""发扬革命传统争取更大光荣"等篇章叙述了当年南下江西的工作与生活，同时也抒发了当年扎根红土地的激动心情，并表达了对那段激情燃烧岁月的怀念之情；张会村在亲历记《洪流细脉——一个南下干部的记忆》中则从为什么要响应"革命召唤"南下江西的角度，详细叙述了自己参加革命的思想基础来源于"第一，是大哥的影响""第二，也是对我的思想影响最直接、最大的，是在一中读书时的几次大学习大讨论""第三，是社会实践活动"等三个方面，并详细叙述了南下江西的过程以及自己的感受，同时再从"群众宣传""干部教育""对外宣传"等方面重点叙述了自己在江西这几年的工作与生活情况；张泽安在亲历记《南下前后》中以"青少年时期""参加革命，准备南下""南下途中""参加接管南昌""在文教和水利建设岗位上"五个篇章简要回顾了自己从青少年到离休这几十年的工作和生活经历，特别着重回顾了他参加接管南昌以及在水利工作岗位上抗洪抢险的几次重大的历史事件和当时的情况；范维祺在亲历记《从吉林南下大队到江西八一革大》中则从"南下前的准备""南下途中""从省委文工团到八一革大文艺部""从八一革大文艺部再到新组建的江西省委文工团"等方面，以大事记的方式记录了自己经历的一些重大的历史事件；王田有的亲历记《往事琐忆》是以口述的方式回忆了"南下和刚到江西时的经历"，以及"在南昌市军管会工作"的情况和"陪杨尚奎书记回老家"，目睹了"杨书记一到家，看到自己的父母亲大冬天还穿着一条单裤，身上也是破衣烂衫，就哭了"的感人场景，同时回忆了自己接待过周恩来、邓小平、胡耀邦、王震、萧华、谭震林、杨尚昆、萧克、傅秋涛、叶飞、余秋里等几位中央领导当年来江西视察的一些重要情况，另外还回忆了自己当年在"七千人大会"当工作人员和参加农村社会主义教育运动的情景，以及自己在"文化大革命"初期的日子里从下放荣塘到清江工业区，再到调回省革委工作以后的一些主要经历；李琳在亲历记《南下回忆》中同样以散文随笔的手法记述了自己从"参军学医"到"奉命南下"，再从"登上山海关，渡过黄河"，经历"南京见闻"到"江轮遇险"，最后到达江西"接管吉安"的这段南下经历；贺晋年在亲历记《赣州的解放与接管》中则重点叙述了南下部队"部署解放赣州"，并对赣州"进行军事接管"

的历史事件；袁功廷在亲历记《我任中共赣州市委书记的时候》中从"中共赣州市委的组建""支前运动""复工复业"等方面进行了重点回忆；高永昌的亲历记《一生的追求：为老百姓谋幸福》现场感比较强，他在这篇几万字的长文中以回忆录的方式从"参加革命，南下为了老百姓得到解放""为百姓做官，为百姓治水修路""劫后余生，永记百姓救命之恩""实事求是，一切从农民的利益出发""为老百姓脱贫致富，农函大显身手""要得到人民群众的信任，必须秉公执政""知难而进干为先，想方设法多为党为群众办实事""离休不离志，活到老学到老"等八个方面原汁原味地详细记叙了这几十年工作和生活的重要经历；另外还有几篇亲历记诸如董汉章的《从中原大学参加工作后的经历回顾》、李儒乞的《记南下并忆曹云屏同志》、冬国英的《南下杂忆》等均以散文、随笔的手法对自己南下江西的主要经历进行了回顾。

在《南下（续集）》一书中，又陆续收录了李均的亲历记《我的回忆》、毛云卿的亲历记《"南工团"的学习生活和南下江西以后的历史回顾》、徐莹的亲历记《一生听从党的指引》、刘瑜媛的亲历记《回顾党对我的培养教育》、孙世昌的亲历记《南下后的首战——剿匪》、杨连广的亲历记《南下序曲》、马朝芒的亲历记《追忆南下前后的人和事》、张允升的亲历记《扎根红土地建设新江西——从莽莽草原南下到滔滔赣江》、杜友的亲历记《我的南下——杂忆从中原大学南下到江西的工作经历》、黄恒均的亲历记《党的阳光沐浴我的人生之旅》、高永昌的亲历记《南下到安福——难忘的 90 个日日夜夜》、金恂的亲历记《南下江西后我在理论教育和理论宣传岗位上工作的岁月》、孙汝光口述的亲历记《怀念南下扎根江西工作的日子》等。其中李均的亲历记《我的回忆》原文有约 3.2

万字，毛云卿的亲历记《"南工团"的学习生活和南下江西以后的历史回顾》原文约 20 万字，这些亲历记比较详细地回顾了写作者南下江西工作和生活的点点滴滴，为当代江西史研究提供了宝贵的资料。

以上在这里列举的亲历记，大多数是以散文、随笔的手法进行叙述的。郁达夫在为《中国新文学大系·散文二集》所写的导言中曾就现代散文谈到过他的看法，他认为："现代的散文之最大特征，是每一个作家的每一篇里所表现的个性，比以前的任何散文都来得强。""作者处处不忘自我，也处处不忘自然与社会。"①按照郁达夫的观点，《南下》以及《南下（续集）》这两部历史专著中收录的这些文章所表现出来的特点，比一般的散文随笔还更加明显，可以从字里行间见到作者显著的特点、性格、思想，以及对社会主义和共产主义的信仰。这些文章中包含的特性，也蕴含了作者在写作的时候必然以自己看世界的眼光和思想去感受当时的客观现实。

同时，值得一提的是，《南下》以及《南下（续集）》这两部历史专著中收录的这些文章还具有一定的思辨力量，比一些政论文章更具有抽象的论述、更具有艺术的魅力。比如由危仁晸先生执笔撰写的课题组的研究报告《重回历史现场》以及李德成、杨鹏燕二人合作的文章《南下干部的组建与新政权的建设——以江西省南下干部为例》和卢大有先生的文章《南下江西干部的组建、分配及其历史贡献》等，都是站在学术的角度分析和研究了中共中央制定"南下干部"的方针政策以及"南下干部"在江西做出的历史贡献。

因此，当代江西史编辑委员会"南下干部"课题组编纂这样历史专著，并选择这样的一种样式，应该为我们广大的读者所喜欢，所关注，虽然这样形态的编著还没有完全结束，而且已经有了《南下》系列编著的续集，但后续还会有新的研究性学术论文以及亲历记和回忆性文章不断出现，并开始以其独立存在的方式显露于我们读者和研究者眼前。

（三）

《南下》以及《南下（续集）》这两部历史专著中收录的文章，虽然叙述的是那个时代的一段历史，但这段历史也是经过作者或者口述者的选择进入的。当然，作者或者口述者的选择，包含了自己的思考，这个思考就包含了过去生活中发生的某个事件与人物的普遍性的意义。这样的文章，既讲求缜密的历史真实，讲求对历史的思辨，又注重形象性和感染力。也许是由于作者写作角度或者口述者述说的角度不一样，因而他们在写作或者述说中的侧重点就有所不同，但不管怎么去写去整理，都更倾向于作品的文献性，即具有史料价值。正如谭嗣同在《湘报后叙》（下）中所说："报纸，即民史也。彼夫二十四家之撰述，宁不烂焉，极其指归，要不过一姓之谱牒焉耳。于民之生也，靡得而详也；于民之教法，靡得而纪也；于民通商惠工务材训农之章程，靡得而毕录也，而徒专笔削一己之私，滥褒诛于兴亡之后，直笔既压累而无以伸，旧闻遂放失而莫之恤，谥之曰官书，官口良可悼也。不有报纸以彰民史，其将长此汶汶暗暗以穷天，而终古喑哑之民乎！"②虽然谭嗣同说的是报纸具有史料价值，但作为研究性学术论文以及亲历记和回忆性文章，更能反映出当时的社会风貌，特别是《南下》以及《南下（续集）》收录的这些亲历记和回忆性文章。"这些作者很多都是八十高龄以上的老人，他们亲自动笔，将当年南下的情景和亲历的往事，有的作了全程式的回顾，有的或一个断片、一个切面单独成篇；还有的通过口述，将'亲历、亲闻、亲见'中那些值得记述的人和事以及所生之感整理后写出来，为后人留下了透视那一代革命？心路历程的宝贵史料。""书中收录的亲历记，全是真人真事、真实材料、真情实感，忠实地呈现出斑驳的历史面貌。一篇篇经历，一个个故事，南下干部们的梦想、憧憬、足迹、汗水，甚至婚姻、家庭、子女，感性生活中的喜怒哀乐，悲欢离合，全部在他们的叙述中娓娓道来，和读者没有距离。"③可以说，这些文章为将来的当代江西史的研究者提供了真实的有时代感的文献资料。而这些文章的时代感，所反映的那一代具有时代特征的思想与时代的诉求以及在当时所显示出的社会面貌，将使得这些文章具有"史学研究的生命"，这也是《南下》以及《南下（续集）》这两部历史专著的主要特点。这些既然已经成为历史，那么它必然就要反映那个时代。是那个时代的，也就必然是历史的。

　　《南下》以及《南下（续集）》这两部历史专著中收录的文章，不仅仅是介绍和展示那个时代的社会面貌，而且也有发现，有作者的主观感受，也有作者的思想感情。比如吴允中的回忆文章《"向前敲瘦骨，犹自带铜声"——深切怀念徐海波同志》、李儒乞的回忆文章《清苦一生谱廉章——忆一同南下江西的费庆章同志》、刘玉琦的回忆文章《战友情深》、孙建平的回忆文章《父亲的眼神》、王乐天的回忆文章《老实人不吃亏——父亲王亚西的家风》、范茵的回忆文章《他苦苦热恋着他的祖国——记我的父亲范维祺》，以及由黄春整理的吴文宙的口述文章《在南下前辈的呵护、培育下》和易资庆与叶莉二人共同整理的李东汉的口述文章《缅怀"资溪事件"中壮烈牺牲的南下战友——回顾资溪县城佑臣路的来历》等。这些文章没有华丽的辞藻，通篇都是以朴实的语言和白描的手法，回忆了"南下干部"在江西工作与生活的点滴平凡事，歌颂了"南下干部"的历史贡献。特别是那些由子女撰写的回忆父母亲的文章，字里行间充满了对他们深沉的爱，阅读起来感人至深。

另外，在《南下》以及《南下（续集）》这两部历史专著的"人物与回忆"这一辑中，有一部分是报告文学作品。比如孙世昌与吕云松二人合作撰写的《与"大刀会"的遭遇战（外一篇）——记韩增田 1949 年在黎川县率部剿匪》、甘克明撰写的《一个真实的故事——记 1949 年公安局长田博文进山侦察敌情、促进靖安全县解放的传奇经历》、危仁聂撰写的《一位南下老同志的百年人生——记孙英自述》、张涛撰写的《德留神州功著赣鄱——记东北南下老战友、原省委组织部副部长王天德同志》、赵德惠撰写的《记南下战友宫万珍的一次战地救护》、傅于燕撰写的《细微之处见真情——记老伴王亚西生前两三事》等文章都属于报告文学。这一体裁的文章，同样是真实地反映生活、及时传播自己对社会现实观感的纪实性作品，并以此来影响社会、影响世人。当然，这一类文章一般都是关注社会生活中的重大事件或重要情况，而且提供的信息也会比普通的新闻报道更加全面，更加丰富，更加深刻。但这一类文章具有一定的文学性，并借助形象化的手法进行报告，比其他文学体裁作品更贴近现实，更具有史料价值。基于这些文章所报告的是客观事实，且这报告不仅仅是介绍，是展示，也有发现，有作者的主观感受，并融进了作者的情感。所以，在《南下》以及《南下（续集）》这两部历史专著收录的这些报告文学体裁作品，其在创作中不是借助典型化原理而是运用艺术转化的方法，即把生活中真实的社会典型，经过艺术加工，转化为艺术中的典型。

现在，当我们阅读这些文章时，由于角度不一样，位置不一样，所以阅读的心境是不一样的。但一致的是，一个是缅怀那些已逝去的"南下干部"的英灵，另一个是祝愿至今依然健在的"南卜干部"健康长寿。在经济繁荣、物质丰富的今天，我们需要学习并树立"南下干部"这种为祖国事业不懈奋斗的精神，弘扬他们这种自强自尊、甘于平凡的美德。

当然，这类文章所具有的史料价值并不完全等同于一般亲历记和回忆录的史料价值。评价史料价值的大小，在于史料的社会价值以及研究价值的大小。也就是说，具有历史意义的亲历记和回忆性文章应该符合满足历史研究的需要。只有在这样的情况下，才能显示出这类文章的史料价值。《南下》以及《南下（续集）》这两部历史专著的研究特点，决定了收录的文章必然要考虑到史料价值，同时它还应该有更丰富、更细致的历史内容，而不是像有些亲历记和回忆性文章那样以当时的某个生活片段进行散文随笔式的描述。作为具有史料价值的文章应该具有更加长久的生命力，而不会因事过境迁丧失它的研究价值。

所以，从一定程度上讲，《南下》及《南下（续集）》这两部历史专著中收录的文章在本质上比较深刻，比较典型，比较集中地反映了当时那段历史的社会现象，而且积极探求当时那个历史时期的一些典型事件，具有比较深远的指导意义与历史意义。

正是由于《南下》以及《南下（续集）》这两部历史专著在编辑之前就明确了史料价值，从而决定了当代江西史编辑委员会"南下干部"课题组在选择编纂对象时所需要考虑的研究标准。在这里，研究标准的主观性与客观性相结合，并体现在这两部专著中，即是"南下干部"课题组编纂者的主观研究意识作用于收录文章的史料价值所具有的客观性的结果。

注释:

① 《中国新文学大系》:上海良友图书印刷公司 1936 年版,第 3、9 页。

② 《谭嗣同全集》(增订本)(下册),中华书局 1981 年版,第 418 页。

③ 《南下》续集,《为了永不忘却的纪念——前部〈南下〉卷的书里书外》,当代中国出版社 2016 年版,第 4 页。

(原载《当代江西史研究》2016 年,第 3 期)

后　记

　　这是我的第 3 部书评选，收录了我近 3 年来在有关刊物上公开发表过的书评文章共 44 篇，分诗歌作品评论、散文作品评论、小说作品评论、报告文学评论、学术专著评论五卷。这些文章均属个论，其他的诸如综合性评论以及文艺理论等方面的研究文章均未收入。

　　这部书评选收录的作品除了少量评论是关注省外的作家、诗人出版的书籍之外，大部分评论都是关注本土作家、诗人出版的书籍。而且有一个最重要的特点是，这些书评作品所关注的都不是名家著作，大部分都是尚未出名的作家、诗人出版的书籍。当然，不管是省外的，还是本土的，对这些尚未出名的作家、诗人的关注，目的是尽最大可能为他们的心血之作起到一些宣传推广作用。因为对于这些尚未出名的作家、诗人创作出的作品来说，文学评论带来的影响有时是不可估量的。文学评论除了会让更多人注意到这些尚未出名的作家、诗人创作出来的作品之外，也能让这些尚未出名的作家、诗人看到自己作品的优缺点。所以，激励这些尚未出名的作家、诗人在今后的创作中怎样思考，怎样深入生活，怎样用更多的文学创作形式来丰富作品，都需要我们评论家的参与。创作与评论如果形成良性互动，可能还会牵引出许多值得思考的社会问题，从而推动社会文明的发展。这也是我把这一次结集出版的书评选书名确定为《创作与评论需要良性互动——刘晓彬书评选（2015—2017）》的缘由，同时也专门就此问题写了一篇文章代为此书评选的序言。

出版此书，只有一个目的，给自己一段时间以来的文学创作与评论进行一个小结，书评结集是其中一个方面，这样有利于了解自己阶段性创作过程中的得与失，以便在下一个阶段的创作过程中不断提高自己。以前创作的作品质量到底如何，不管是优还是差，都会像一面镜子照着自己。因为取得的成果属于过去，反思不足则属于未来。说明白一点，所有的这些都是遵从自己创作的内心需要。

最后，借这部书评选出版的机会，再次感谢长期以来一直给予我关心和支持的文朋诗友们！

是为记。

刘晓彬

2017 年 12 月